W0083096

Beat Döbeli Honegger

Mehr als 0 und 1

Beat Döbeli Honegger

MEHR ALS 0 UND 1

Schule in einer digitalisierten Welt

der bildungsverlag

der bildungsverlag
www.hep-verlag.com

Beat Döbeli Honegger
Mehr als 0 und 1
Schule in einer digitalisierten Welt
ISBN Print: 978-3-0355-0200-8
ISBN E-Book: 978-3-0355-0201-5

Bibliografische Information der Deutschen Nationalbibliothek: Die Deutsche Nationalbibliothek verzeichnet
diese Publikation in der Deutschen Nationalbibliografie;
detaillierte bibliografische Daten sind im Internet über
http://dnb.dnb.de abrufbar.

1. Auflage 2016

www.hep-verlag.com

 Verweise in diesem Buch abrufen:
www.mehrals0und1.ch

INHALT

EINLEITUNG

Neues Lernen mit neuen Medien! Schule 2.0! Ende der Kreidezeit, Tablets statt Schiefertafeln, Revolution des Lernens! Seit mehr als dreißig Jahren wird die Informations- und Kommunikations-technologie (ICT) als Auslöser von großen Veränderungen beim Lehren und Lernen ausgerufen. Computer, Internet, interaktive Wandtafeln, soziale Netzwerke, adaptive Lernprogramme oder Tablets sollen das Lernen motivierender, abwechslungsreicher, effizienter machen oder gar die Lehrkraft ersetzen. Auf der an-deren Seite warnen zahlreiche Stimmen vor den verheerenden Konsequenzen, wenn digitale Medien nicht komplett vom Schul-gelände verbannt werden und die Schule zum medialen Schon-raum gemacht wird.

Der Blick ins Schulzimmer zeigt eine andere Realität. Viel-leicht sind einige Computer vorhanden, aber der alltägliche Un-terricht bleibt erstaunlich unberührt von der Omnipräsenz digi-taler Medien in der Gesellschaft und im Leben von Kindern und Jugendlichen. In der Schule hat die digitale Revolution bisher nicht stattgefunden. Schon 1993 fragte Seymour Papert in sei-nem Buch mit dem bezeichnenden deutschen Titel *Revolution des Lernens* ☞ b226: »Warum gab es in einem Zeitraum, in dem so viele Bereiche menschlicher Aktivität revolutioniert wurden, keine vergleichbare Veränderung bei den Methoden, mit denen wir unseren Kindern beim Lernen helfen?«

Entscheidungshilfe

Vor knapp dreißig Jahren ist erstmals in der Schweiz ein Buch erschienen, das sich mit digitalen Medien in der Schule beschäf-tigte. Es stammt von Heinz Moser und trägt den Titel *Der Computer vor der Schultür – Entscheidungshilfen für Lehrer, Eltern und Politiker* ☞ b1568. Entscheidungshilfe für Lehrerinnen und Lehrer, Eltern und die Bildungspolitik zu sein, ist auch der Anspruch des vor-liegenden Buches. In meiner über fünfzehnjährigen beruflichen Auseinandersetzung mit der Thematik spüre ich bei Gesprächen mit Schulbehörden, Schulleitungen und Lehrkräften noch im-mer ein großes Bedürfnis nach langlebigen Überlegungen in ei-ner Zeit vermeintlich schnelllebiger Entwicklungen. Das Buch gibt den aktuellen Wissens- und Diskussionsstand zur Schule in einer digitalisierten Welt möglichst knapp und allgemeinverständlich wieder. Auf Details oder kurzlebige Phänomene wird bewusst verzichtet. Verweise ins Biblionetz erlauben jederzeit eine vertiefte Auseinandersetzung und auch Hinweise auf beim Druck des Buches noch nicht verfügbare Publikationen. Wie das Biblionetz funktioniert, wird später in dieser Einleitung erklärt.

Kürze und Prägnanz waren auch ausschlaggebend für das bei diesem Thema vielleicht überraschende Publikationsformat Buch. Bei den ersten Überlegungen zur Ausrichtung und Gestaltung der vorliegenden Publikation waren drei Bücher prägend. Beim ebenfalls im hep verlag erschienenen *Wirtschaftskrise ohne Ende?* ☞ b4705 von Aymo Brunetti hat mich beeindruckt, wie eine komplexe Materie kurz und verständlich beschrieben werden kann. Auch Rolf Dubs gelingt es in *Bildungspolitik und Schule – wohin?* ☞ b4790, wissenschaftliche und bildungspolitische Diskurse in für Laien verdaubare Portionen aufzuteilen. An Kathrin Passigs und Sascha Lobos Buch *Internet – Segen oder Fluch* ☞ b5026 hat mir schließlich die Art gefallen, zwar den aktuellen Diskussionsstand der Themen fundiert darzustellen, zu jeder These in die eine Richtung aber sogleich die Gegenthese in die andere Richtung zu präsentieren und damit sowohl eine Überhöhung als auch eine Verteufelung des Internets und seiner Folgen zu verhindern.

Aufbau

Mehr als 0 und 1 ist in drei Teile und zehn thematische Kapitel gegliedert. Es beginnt sehr abstrakt und wird von Kapitel zu Kapitel konkreter. Im ersten Kapitel wird erklärt, warum und wie Computer und das Internet die Gesellschaft so grundlegend verändern, dass von einem Leitmedienwechsel gesprochen wird. Es gibt verschiedene Ansichten, inwiefern dieser Leitmedienwechsel die Schule betrifft. Das zweite Kapitel präsentiert das gesamte Spektrum an Reaktionsweisen, die der Schule vorgeschlagen werden. Es reicht von »Ignorieren« bis zur Forderung, die Schule abzuschaffen oder angesichts der kommenden Fähigkeiten der Computer gleich gänzlich auf menschliche Bildung zu verzichten. Im dritten Kapitel wird ein pragmatischer Mittelweg zwischen diesen Extremen eingeschlagen und gefragt, welche Kompetenzen angesichts des Leitmedienwechsels an Bedeutung gewinnen.

	1	Warum die ganze Aufregung?
Schule	2	Wie soll die Schule auf den Leitmedienwechsel reagieren?
	3	Welche Allgemeinbildung wird im Leitmedienwechsel benötigt?
Digitales in der Schule	4	Warum gehört das Digitale in die Schule?
	5	Welche Aspekte des Digitalen sind für die Allgemeinbildung relevant?
	6	Wozu Informatik?
	7	Wie kommt das Digitale in die Schule?
Digitale Infrastruktur in der Schule	8	Wie viele Computer braucht es in der Schule?
	9	Wie sieht die Zukunft von Schulbüchern aus?
	10	Mehr als 0 und 1

Abbildung 0.1: *Kapitelstruktur des Buches*

Im zweiten Teil des Buches geht es um die Bedeutung und die Rollen des Digitalen in der Schule. Das vierte Kapitel liefert vier Argumente, warum digitale Medien zwingend in die Schule gehören. Das fünfte Kapitel widmet sich den beiden Rollen digitaler Medien als Werkzeug und als Thema und stellt die drei thematischen Aspekte »Anwendungskompetenzen«, »Medien« und »Informatik« vor. Da Informatik als Thema in der Schule über fast keine Tradition verfügt, widmet sich das sechste Kapitel ganz der »Informatik in der Schule« und liefert dafür sowohl bildungspolitische Gründe als auch einen Überblick möglicher Themen sowie methodische Hinweise. Das siebte Kapitel beschäftigt sich mit der Frage, wie das Digitale in der Schule verankert werden kann und welche Herausforderungen dabei zu überwinden sind.

Im dritten Teil des Buches geht es schließlich konkret um Hard- und Software in die Schule. Das achte Kapitel gibt Antworten darauf, welche digitale Infrastruktur die Schule benötigt, und Kapitel neun fragt, was mit Schulbüchern passiert, wenn das Buch als Leitmedium durch den Computer ersetzt wird.

Was das Buch nicht bietet

Dieses Buch konzentriert sich auf die Schule, also auf die meist formale (Allgemein-)Bildung von Minderjährigen. Es enthält wenige Aussagen zur Hochschulbildung, da sich dieser Bereich in verschiedener Hinsicht von schulischer Bildung unterscheidet. Als Einstieg ins Thema »Hochschule in einer digitalisierten Welt« empfiehlt sich beispielsweise das Buch *The Digital Scholar* ☞ **b4803** von Martin Weller aus dem Jahr 2011.

Im vorliegenden Buch sind kaum mediendidaktische Hinweise zum Unterricht in einer digitalisierten Welt zu finden. Dazu ist schon gute und aktuelle Literatur verfügbar, so zum Beispiel:

> Dominik Petko (2014): *Einführung in die Mediendidaktik* ☞ **b5400**

> Gabi Reinmann (2013): *Studientext Didaktisches Design* ☞ **b5164**

> Michael Kerres (2012): *Mediendidaktik* ☞ **b5130**

Dieses Buch ist auch kein Ratgeber für Eltern und Lehrkräfte mit Erklärungen, wie Jugendliche im digitalisierten Zeitalter denken und handeln. Auch dafür gibt es bereits viele gute Publikationen, so zum Beispiel:

> Eveline Hipeli (2014): *Medien-Kids. Bewusst umgehen mit allen Medien – von Anfang an* ☞ **b5536**

> Philippe Wampfler (2013): *Generation »Social Media«* ☞ **b5514**

> Tanja und Johnny Haeusler (2012): *Netzgemüse – Aufzucht und Pflege der Generation Internet* ☞ **b5539**

> Thomas Pfeiffer und Jöran Muuß-Merholz (2012): *Mein Kind ist bei Facebook – Tipps für Eltern* ☞ **b5431**

Biblionetz: Verweise in die Zukunft

In diesem Buch werden Sie mitten im Text ungewohnte Kürzel finden. Sie verweisen auf Beats Biblionetz, die 1996 begonnene Hypertext-Literaturdatenbank des Autors  p65, und bieten zusätzliche Informationen.

Abruf mit einem Mobilgerät

Mit einem Mobilgerät können Sie solche Verweise am einfachsten abrufen, indem sie mit einer entsprechenden App diesen QR-Code scannen und danach das Kürzel eintippen:

Abruf mit einem Webbrowser

Sie können das Biblionetz aber auch mit jedem Webbrowser aufrufen. Tippen Sie doebe.li/ und den gewünschten Verweis in die Adresszeile ihres Browsers (also zum Beispiel doebe.li/p65).

Abruf aus dem E-Book

Lesen Sie dieses Buch als E-Book, können Sie die Verweise ganz einfach antippen oder anklicken.

Was bringt das?

Klassische Literaturverzeichnisse, Fuß- und Endnoten sind immer Verweise in die Vergangenheit, Hinweise auf bereits Gesagtes oder Geschriebenes. Solche Verweise sind auch in diesem Buch zu finden. Sie sind einerseits Ehrerbietung für Autorinnen und Autoren, welche die erwähnten Ideen und Gedanken bereits vor einem hatten. Sie sind andererseits aber auch Recherchehilfen für besonders Interessierte. Solche Referenzen weisen darauf hin, wo noch mehr zum Thema zu finden ist. Bei gedruckten Verzeichnissen ist es aber schade, dass nur auf Ideen und Werke

hingewiesen werden kann, die es zum Zeitpunkt der Drucklegung bereits gab. Die Digitalisierung erweitert die Möglichkeiten
einer Publikation. Indem die Online-Verweise aktuell gehalten
werden, kann auch auf Informationssammlungen hingewiesen
werden, die erst entstehen oder noch wachsen werden. Damit
sind sozusagen Literaturverweise in die Zukunft möglich. Die
Kürzel in diesem Buch verweisen oft nicht auf einzelne Publikationen, sondern auf Begriffe, Fragen oder Thesen. Die entsprechenden Biblionetzseiten enthalten bereits bei der Veröffentli-
chung des Buches relevante Informationen. Mit großer Wahrscheinlichkeit werden sie aber in Zukunft erweitert werden, sodass bald mehr als heute zu finden sein wird. Es sind somit weniger
Literaturverweise, sondern Meme-Verzeichnisse ☞ w1161.

Dank

Die wenigsten Bücher, bei denen nur ein Autor auf dem Um-
schlag steht, werden tatsächlich allein geschrieben, zahlreiche
Gedanken entstehen erst beim Schreiben und in Diskussionen
mit Kolleginnen und Kollegen. Diese Gespräche im physischen
und virtuellen Raum waren nicht nur sehr motivierend und be-
reichernd, sie haben vielmehr auch die These des veränderten
Arbeitens im digitalen Raum beispielhaft gestützt. Ich bin Werner Hartmann, Marc Pilloud, Vincent Tscherter, Jacqueline Peter,
Nando Stöcklin, Michael Hielscher, Oliver Ott, Andrea Cantieni
und Nina Iten sehr dankbar, dass sie diesem Projekt ihre Aufmerksamkeit und ihre Ideen geschenkt haben. Auch dem hep
verlag, insbesondere meinem Lektor Manuel Schär, gebührt ein
besonderer Dank für die wohlwollende und kompetente Betreu-
ung in allen Belangen.

Schließlich bin ich auch meinen Hochschullehrern Carl
August Zehnder und Werner Hartmann zu großem Dank verpflichtet. Sie haben mir zu Beginn meiner beruflichen Laufbahn
die grundlegenden Perspektiven des Themas vermittelt, die mich
noch heute begleiten.

Alle zitierten Quellen der Einleitung finden Sie unter ☞ t16011.

WARUM DIE GANZE AUFREGUNG?

Die Aussage »Wir leben in einer Informationsgesellschaft« ist eine seit vierzig Jahren wiederholte Binsenwahrheit. Netzwerkgesellschaft, Mediengesellschaft, Informationsgesellschaft – zahlreich sind die Bezeichnungen für das Phänomen der Digitalisierung. In allen Variationen werden die Konsequenzen als Himmel und Hölle zugleich an die Wand gemalt. In unserem Alltag erleben wir diese Veränderungen zunehmend stärker. Erst hielt der Personal Computer (PC) Einzug in den beruflichen und privaten Alltag, dann das Internet und derzeit werden mobile Geräte wie Smartphones und Smartwatches allgegenwärtig. Trotzdem scheint es schwierig, die Bedeutung und Tragweite dieser Entwicklung abzuschätzen. Martin Lindner spricht deshalb vom digitalen Klimawandel ☞ b6003, weil er sich ähnlich wie der meteorologische Klimawandel trotz seiner Bedeutung langsam vollzieht und schwer fassbar bleibt. Dieses Kapitel erklärt in groben Zügen, warum die Entstehung der Informationsgesellschaft auch als Leitmedienwechsel ☞ w2306 vom Buch zum vernetzten Computer oder als zweite industrielle Revolution bezeichnet wird. Computer, Internet und mobile Geräte sind zwar die sichtbaren Objekte der Informationsgesellschaft. Doch dahinter steckt eine mächtige technologische Entwicklung, die weit mehr umfasst. Sie lässt sich mit den Begriffen »Digitalisierung«, »Automatisierung« und »Vernetzung« umreißen.

Digitalisierung – Automatisierung – Vernetzung

Mit dem Begriff »Digitalisierung« ☞ w1513 soll die Tatsache beschrieben werden, dass analoge Daten zunehmend in die digitale Form überführt werden oder Daten direkt digital erfasst werden. »Digital« bedeutet, dass sich alle möglichen Daten (Texte, Bilder, Töne, Videos) mit dem gleichen Alphabet, bestehend aus den beiden Zeichen 0 und 1, darstellen lassen. Diese streng genommen »binär« zu nennende Darstellung erlaubt es, alle Daten elektronisch in einem einzigen Gerät – dem Computer – zu speichern (siehe Abbildung 1.1).

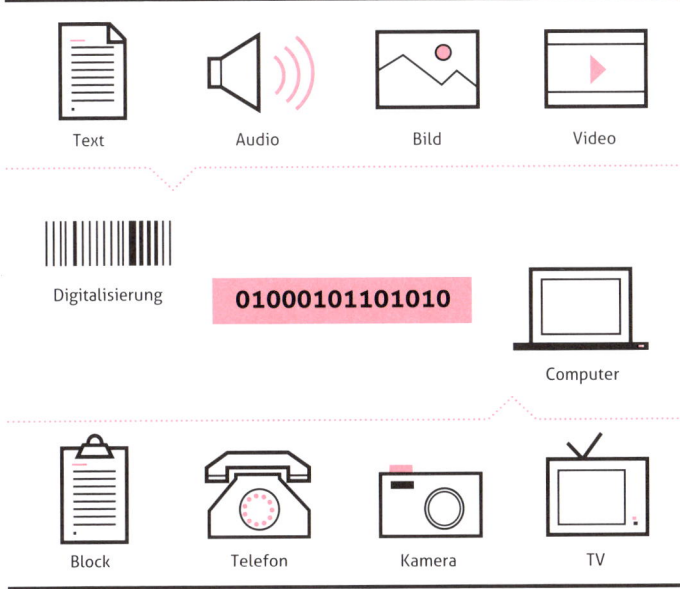

Text   Audio   Bild   Video

Digitalisierung

01000101101010

Computer

Block   Telefon   Kamera   TV

Abbildung 1.1: *Die Digitalisierung ermöglicht, alle Daten in einem einzigen Gerät zu speichern*

So ist es beispielsweise bereits heute kein Problem mehr, das gesamte Leben eines Menschen als Video festzuhalten und dabei gleichzeitig alle seine Kommunikations-, Gesundheits- und Aufenthaltsdaten aufzuzeichnen und durchsuchbar aufzubereiten – und das wird bereits gemacht ☞ b3725. Dieses erschreckend wirkende Szenario soll als Beispiel dafür genügen, wie stark die Informationsflut ☞ w430, über die sich bereits die alten Griechen beklagt haben, aufgrund der Digitalisierung weiter zunehmen wird. Computer ermöglichen jedoch nicht nur die Erfassung und Speicherung digitaler Daten, sondern auch deren automatische, regelbasierte Verarbeitung. Daten können maschinell sortiert, gefiltert und nach gewissen Regeln verarbeitet werden. Computer erlauben die Automatisierung ☞ w973 aller Abläufe, die sich präzis, sprich formal exakt, beschreiben lassen. Digitale Daten sind platzsparend speicherbar und lassen sich über Datennetze weltweit kostengünstig übermitteln. Dank dieser Vernetzung

☞ w975 können alle erfassten, verarbeiteten und gespeicherten Daten sofort weltweit verfügbar gemacht werden (siehe Abbildung 1.2). Nicholas Negroponte, Gründer des MIT Media Labs, schuf dafür ein einprägsames Bild, als er 1995 im Buch *Total digital* ☞ b99 erklärte, dass wir künftig vermehrt Bits statt Atome transportieren würden.

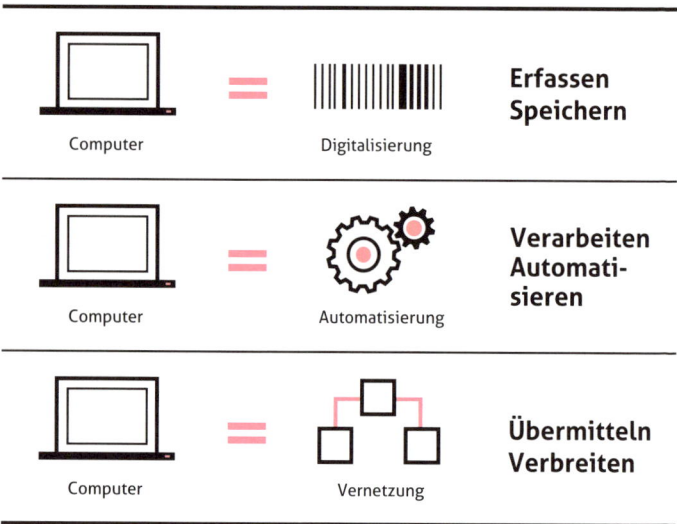

Abbildung 1.2: *Die grundlegenden Funktionen des Computers*

Das mooresche Gesetz und die zweite Hälfte des Schachbretts

Treiber hinter dieser technologischen Entwicklung ist die als mooresches Gesetz ☞ w862 bekannt gewordene Tatsache, dass sich in den letzten 40 Jahren alle anderthalb Jahre doppelt so viele Transistoren auf der gleichen Chipfläche unterbringen ließen – dass sich also vereinfacht ausgedrückt die Komplexität von Computerchips alle anderthalb Jahre verdoppelt hat. Diese seit vierzig Jahren praktisch ungebrochene Leistungssteigerung ist sowohl der Grund für die enorme Entwicklung als auch ein Ausdruck für deren schwierige Erfassbarkeit durch die menschliche

Vorstellungskraft. Menschen können schlecht mit exponentiellen Entwicklungen umgehen, wie bereits die Legende des Schachspielerfinders zeigt. Dieser forderte als Lohn für seine Erfindung vom König ein Reiskorn auf dem ersten Feld des Schachbretts und doppelt so viele Reiskörner auf jedem der nachfolgenden Felder. Noch in der Mitte des Schachbretts meinte der König, einen geringen Preis für das spannende Schachspiel bezahlen zu müssen, bevor er von der unvorstellbaren Entwicklung auf der zweiten Hälfte des Schachbretts überrascht wurde und den Erfinder in der Folge hinrichten ließ. In gewisser Hinsicht ist es gut denkbar, dass auch die Menschheit die weitere Entwicklung der Digitalisierung noch nicht wirklich abschätzen kann.

Abbildung 1.3: *Auslöser, Konsequenzen und Herausforderungen des aktuellen Leitmedienwechsels*

Ökonomische Konsequenzen: Es trifft nicht mehr nur langweilige Routinearbeiten

Es ist zwar im allgemeinen Bewusstsein angekommen, dass die Digitalisierung gewisse Wirtschaftsbereiche wie zum Beispiel die Musik- oder Fotoindustrie verändert hat. Die meisten Arbeitnehmerinnen und Arbeitnehmer verwenden unterdessen am Arbeitsplatz einen oder mehrere Computer, gewisse Berufe haben an Bedeutung verloren oder sind ganz verschwunden. Zumeist betraf die Automatisierung bisher aber vor allem monotone, standardisierte Jobs. Erst seit kurzem lassen sich zunehmend auch Tätigkeiten automatisieren, die bisher noch dem Menschen vorbehalten schienen. Dazu drei aktuelle Beispiele: selbstfahrende Autos, nachahmende Roboter und computergenerierte Texte.

Noch im Jahr 2004 wurde in einer renommierten Studie zur Zukunft der Arbeit ☞ b5382 erklärt, selbstfahrende Autos ☞ w2448 seien aufgrund der zu großen Komplexität des Verkehrsgeschehens unmöglich. Zehn Jahre später haben selbstfahrende Autos sowohl in den USA als auch in Europa erfolgreich Hunderttausende von Kilometern ohne menschliche Hilfe zurückgelegt. Sollten sich selbstfahrende Autos durchsetzen, hätte das gravierende Auswirkungen auf den Berufsstand von Taxi-, Bus- und LKW-Fahrern.

Baxter ☞ w2834 ist ein dem menschlichen Oberkörper nachempfundener Roboter mit zwei Armen und einem Bildschirm als »Kopf«. Darauf kann ein Gesicht angezeigt werden, das dorthin blickt, wo der Roboter demnächst etwas tun wird und das Traurigkeit oder Verwirrtheit ausdrückt, wenn dem Roboter etwas nicht gelingen will. Das Revolutionäre ist jedoch, dass Baxter sich programmieren lässt, indem man seine Arme greift und ihm damit vormacht, was er zu tun hat. Nach etwa einer halben Stunde Training hat er verstanden, was er zu tun hat, und kann nun beispielsweise selbstständig Objekte in Kisten verpacken oder Nägel an einer bestimmten Stelle einschlagen. Dieses *programming by demonstration* ☞ w2835 ermöglicht es auch Laien, den Roboter zu programmieren – teure und rare Programmierer werden damit überflüssig. Ähnlich wie der Computer ist er damit kein Werkzeug nur für einen bestimmten Zweck, sondern ein lernfähiger Universalroboter. Zusammen mit dem vergleichsweise tiefen Anschaffungspreis ist dies ein wichtiges Verkaufsargument. Die Verbreitung dieser lernfähigen Roboter dürfte zunehmen. Einerseits werden dadurch bestehende Arbeitsplätze gefährdet, andererseits könnten in der Konsequenz gewisse Produktionsstätten wieder in Industrieländer zurückwandern, da die Lohnkosten bei der Produktion von Gütern durch Robotereinsatz sinken.

Das dritte Beispiel des *computational journalism* ☞ w2833 dürfte am deutlichsten machen, dass Computer anfangen, kognitive Leistungen für Menschen zu übernehmen. Mehrere Firmen verkaufen bereits erfolgreich computergenerierte Sport- und Börsenberichte an Zeitungen. Je mehr Daten zu einem Ereignis digital verfügbar sind, desto einfacher ist es für einen Computer, daraus einen Artikel zu formulieren, der von Menschen nicht als vom Computer geschrieben erkannt wird. In den USA eignet sich zum Beispiel Baseball sehr, da in einem solchen Spiel viele Daten anfallen, aus denen sich der Spielverlauf ablesen lässt. Im Finanzbereich wird das Verfassen von Jahresberichten börsennotierter Unternehmen immer heikler, da falsche Formulierungen juristische Konsequenzen haben könnten. Also wird auch diese Arbeit Computern übertragen, die aus den Geschäftsdaten einen trockenen Prosatext generieren. Computer schreiben erfolgreich Texte – damit verschiebt sich unaufhaltsam die Grenze dessen, was wir für automatisierbar halten.

Autonome – Substituierbare – Unberechenbare

Bereits im Jahr 1982 hat der deutsche Informatiker Klaus Haefner im Buch *Die neue Bildungskrise* ☞ b127 diese ökonomischen Folgen der Digitalisierung in düsteren Farben beschrieben. Computer und die damit einhergehende Automatisierung würden die Arbeitslosigkeit fördern ☞ a833, weil nach ökonomischer Logik alles automatisiert würde, was Kosteneinsparungen verspreche ☞ a118. Haefner definiert im Buch holzschnittartig drei Gruppen von Berufen, die auch heute noch als Gedankenmodell brauchbar sind: Als »Autonome« ☞ w1448 bezeichnet er diejenigen Berufstätigen, die eine Tätigkeit ohne Computereinfluss ausüben.

Haefner zählt dazu die Bauern – eine Einteilung, die heute, dreißig Jahre später, nicht mehr zutrifft, müssen Bauern doch sowohl über Internet als auch Mobiltelefon verfügen, um ihren Beruf ausüben zu können. »Substituierbare« ☞ w1449 sind gemäß Haefner diejenigen Berufe, die durch die Automatisierung überflüssig gemacht werden, also beispielsweise Ticketverkäufer oder klassische Sekretärinnen. Als »Unberechenbare« ☞ w1450 bezeichnet Haefner die Berufsgruppe, deren Tätigkeit sich der reinen Berechnung entzieht und die damit nicht durch Computer zu ersetzen ist. Als Beispiel für diese Gruppe nennt er Lehrerinnen und Lehrer.

Nicht nur beim Beruf des Bauern hat sich seit 1982 einiges geändert. Die zunehmende Digitalisierung, Automatisierung und Vernetzung führt dazu, dass immer mehr Berufen die Gefahr droht, substituierbar zu werden. So bezeichnet Gunter Dueck, der ehemalige Cheftechnologe von IBM, die Tätigkeit durchschnittlicher Bank- und Versicherungsberater als Flachbildschirmrückseitenberatung ☞ w2837, da diese heute oft nicht viel mehr täten, als den Kundinnen und Kunden die Empfehlungen des unternehmenseigenen Computersystems vorzulesen. Er prophezeit somit, dass Unternehmen dieses Beratungsangebot für Normalverdienende bald einstellen würden, da niemand mehr bereit sei, dafür zu bezahlen ☞ t17089. In den letzten Jahren sind zahlreiche Studien erschienen, die – detaillierter als Haefner 1982 – versuchen, das Zukunftspotenzial von Berufsgruppen zu prognostizieren ☞ t15782, ☞ b5382.

Die Vernetzung fördert auch die Globalisierung ☞ w1244, da der weltweite Datenaustausch massiv schneller und kostengünstiger wird. Arbeitstätigkeiten, die keine Materialtransporte erfordern, können dank des Internets irgendwo auf der Welt ausgeführt werden. Der US-amerikanische Ökonom Thomas Friedman spricht in diesem Zusammenhang in seinem Buch *Die Welt ist flach* ☞ b2512 von der Globalisierung 3.0. Nach der Globalisierung 1.0, bei der Nationalstaaten Kolonien gegründet, und der Globalisierung 2.0, bei der Unternehmen weltweite Tochtergesellschaften aufgebaut hätten, sei nun in Zeiten des Internets der einzelne Arbeitnehmer dabei, seine Dienste weltweit anzubieten. Die beiden US-amerikanischen Ökonomen Erik Brynjolfsson und

Andrew McAfee verstehen hingegen das Outsourcing als Vorstufe zur Automatisierung ☞ a1259. Wenn eine Tätigkeit ins Ausland verlagert werden könne, so sei dies der Beleg dafür, dass sie genau beschrieben werden könne – was die Voraussetzung für ihre Automatisierung sei.

Die meisten Publikationen zu den ökonomischen Auswirkungen von Digitalisierung, Automatisierung und Vernetzung gehen davon aus, dass alles ökonomisch Automatisierbare automatisiert werden wird ☞ a118 und dass dieser Prozess viele Berufe bedroht. Uneinig sind sich Ökonomen allerdings, ob neu entstehende Arbeitsplätze den Verlust bisheriger Arbeitsplätze aufwiegen können. Dies ist eine vergleichsweise alte Diskussion. 1930 publizierte John Maynard Keynes den vielzitierten Aufsatz *Economic Possibilities for our Grandchildren* ☞ t15783, in dem er den Begriff der technologischen Arbeitslosigkeit prägte. Keynes vertrat die Ansicht, dass der technische Fortschritt schneller Arbeitsplätze vernichten könnte, als neue geschaffen würden.

Erhöht die Digitalisierung das Wohlstandsgefälle?

Seither stellt sich die Frage, wie die Gesellschaft die Produktivitätsgewinne verteilt. Digitalisierung, Automatisierung und Vernetzung könnten dabei in zweierlei Hinsicht eine Zäsur darstellen. Zum einen stellen verschiedene Studien der letzten Jahre fest, dass sich das Angebot zunehmend in hoch anspruchsvolle und anspruchslose Arbeitsplätze unterteilt, während solche mit mittleren Ansprüchen wegfallen ☞ a1268. Berufe mit mittleren Ansprüchen zeichnen sich sowohl bei kognitiven als auch bei manuellen Tätigkeiten durch einen hohen Anteil an Routinearbeiten aus, der nun zunehmend automatisiert werden kann. Übrig bleiben die kognitiv hoch anspruchsvollen Berufe und die relativ anspruchslosen manuellen Berufe, deren Aufgaben eher situativ zu lösen sind, zum Beispiel Putz- und Sicherheitspersonal. Neben dieser Spaltung in anspruchsvolle und anspruchslose Tätigkeiten führt die Automatisierung auch dazu, dass Kapital an Bedeutung gewinnt und Arbeit an Bedeutung verliert. Um eine automatisierte Lösung aufzubauen, ist anfänglich viel Kapital notwendig, der Betrieb ist danach im Vergleich zu früheren, nicht automatisierten Lösungen relativ kostengünstig. Mit dieser Entwicklung steigt die wirtschaftliche Macht vermögender Menschen, während es für weniger vermögende Menschen immer schwieriger wird, durch Arbeit reich zu werden. Erik Brynjolfsson und McAfee zeigen anhand aktueller Zahlen aus den USA ☞ t17725, dass es zwar mehr Millionäre denn je gibt, die Beschäftigungsquote und das Durchschnittseinkommen jedoch stagnieren oder gar fallen. Die Digitalisierung scheint das Wohlstandsgefälle zu fördern ☞ a1260. Die Gesellschaft muss sich hier fragen, wie sie mit dieser Entwicklung umgehen will. Garantierte Mindestlöhne ☞ w2434 als Maßnahme zum Ausgleich der Einkommensunterschiede sind nicht unproblematisch. Sie erhöhen die Attraktivität der Automatisierung ☞ a1215, da die Automatisierungslösung dadurch ebenfalls mehr kosten darf und trotzdem noch günstiger als die menschliche Arbeitskraft sein kann. Als Alternativen werden ein bedingungsloses Grundeinkommen ☞ w2232 oder negative Einkommenssteuern ☞ w2842 breiter diskutiert und durchaus auch von nicht kapitalismusfeindlichen Ökonomen verfochten.

Kontrollverlust allerorten

Der aktuelle Leitmedienwechsel führt aber nicht nur zu ökonomischen Herausforderungen.

Sowohl die Gesellschaft als Ganzes als auch jeder einzelne Mensch ist durch Digitalisierung, Automatisierung und Vernetzung mit einem Kontrollverlust konfrontiert. Der Soziologe Dirk Baecker spricht in der Einleitung seines Buches *Studien zur nächsten Gesellschaft* ☞ b4152 davon, dass »jedes neue Verbreitungsmedium die Gesellschaft mit neuen und überschüssigen Möglichkeiten der Kommunikation konfrontiert«. Für Baecker waren es immer die Kommunikationsmedien, die neue Gesellschaftsstrukturen geprägt haben ☞ a1133: »Wir haben es mit nichts Geringerem zu tun als mit der Vermutung, dass die Einführung des Computers für die Gesellschaft ebenso dramatische Folgen hat wie zuvor nur die Einführung der Sprache, der Schrift und des Buchdrucks. Die Einführung der Sprache konstituierte die Stammesgesellschaft, die Einführung der Schrift die antike Hochkultur, die Einführung des Buchdrucks die moderne Gesellschaft und die Einführung des Computers die nächste Gesellschaft« (siehe Abbildung 1.4).

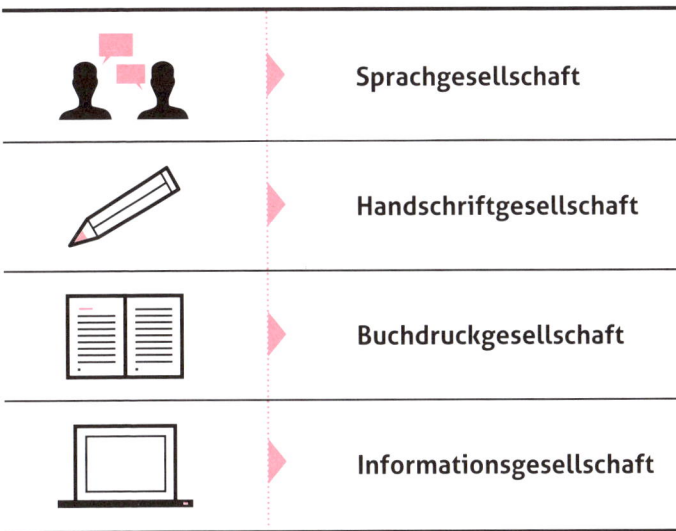

Abbildung 1.4: *Kommunikationsmedien als Auslöser von Leitmedienwechseln gemäß Baecker* ☞ **b4152**

Baeckers Formulierungen klingen zunächst abstrakt, aber ein Blick in die Tagespresse zeigt, wie konkret und aktuell seine Aussage ist. Individuen, Unternehmen und Staaten haben aufgrund der riesigen und automatisch auswertbaren, weltweiten Datenflut alle mit Kontrollverlusten zu kämpfen und versuchen sich auf die neue Situation einzustellen. Michael Seemann fasst die Situation in einem Satz zusammen: »Daten, von denen wir nicht wussten, dass es sie gibt, finden Wege, die nicht vorgesehen waren, und offenbaren Dinge, auf die wir nie gekommen wären« ☞ **t17925**. Abbildung 1.5 zeigt im Überblick, wie sich die Verhältnisse zwischen Staat, Individuum und Unternehmen aufgrund der Digitalisierung verändern.

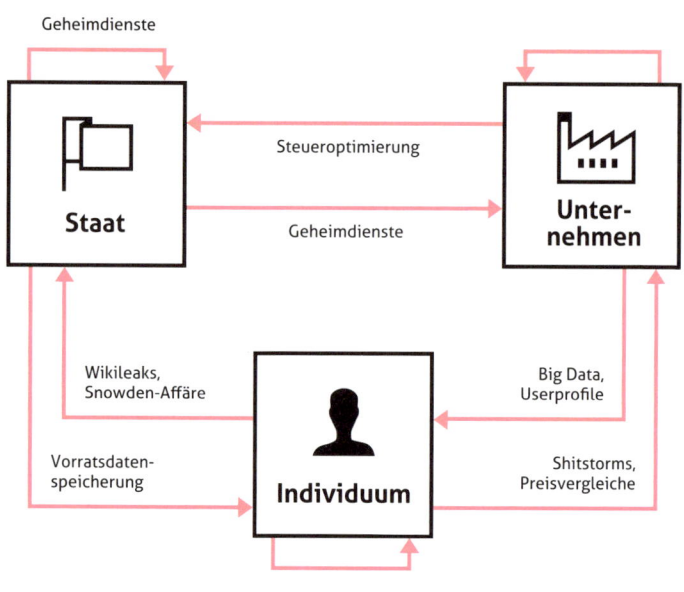

Abbildung 1.5: *Die Digitalisierung verändert die Verhältnisse zwischen Staat, Individuum und Unternehmen*

Individuen sind daran, ihre Privatsphäre ☞ w535 zu verlieren oder haben sie bereits verloren. Staaten sammeln zur Verbrechens- und Terrorbekämpfung oder gar -prävention auf breiter Front massenhaft Daten einzelner Menschen. So werden bei der seit längerem heiß diskutierten Vorratsdatenspeicherung ☞ w2451 alle Informationen, wer mit wem telefoniert oder sonst digital kommuniziert hat, während mehrerer Monate auf Vorrat gespeichert. Obwohl nur diese Metadaten ☞ w1425, nicht aber der Inhalt der Kommunikation gespeichert werden, lassen sich daraus sehr genaue Bewegungsprofile erstellen, wie zum Beispiel das 2014 veröffentlichte und attraktiv grafisch animierte Metadatenprofil des schweizerischen Nationalrats Balthasar Glättli gezeigt hat ☞ t16591.

Während Individuen sich dem staatlichen Datenhunger nicht entziehen können, sieht dieses Verhältnis gegenüber Unternehmen scheinbar anders aus. Wer nicht im Internet bestellt, keine Kundenkarten nutzt und nicht bei sozialen Medien aktiv ist, scheint nach dem Prinzip der Datensparsamkeit ☞ w1211 den Unternehmen keine Nahrung zu bieten. Doch bereits wer auf Webseiten surft, hinterlässt eine Datenspur, die zu personalisierter Werbung führt. Und auch Personen ohne eigenes Social-Media-Konto können durchaus in deren internen Datenbanken auftauchen. Social-Media-Unternehmen laden mit Vorliebe die digitalen Adressbücher ihrer Mitglieder auf die eigenen Server, um die sozialen Beziehungen auszuwerten und neue Mitglieder gezielt anwerben zu können. Die zunehmende Datenmenge führt unter anderem dazu, dass immer präzisere Prognosen zu den Lebensumständen einzelner Menschen möglich werden. Berühmt geworden ist das Beispiel einer Warenhauskette, welche die Schwangerschaft einer jungen Kundin prognostiziert und entsprechende Werbung zugestellt hatte, bevor diese die Schwangerschaft selbst bemerkt hatte ☞ t15708; ähnlich die Studie, welche die Homosexualität der Userinnen und User mit hoher Wahrscheinlichkeit allein aufgrund der abrufbaren Freundschaftsbeziehungen auf Facebook voraussagen konnte ☞ t17939.

Angesichts solcher Entwicklungen halten verschiedene Stimmen die Privatsphäre für ein Auslaufmodell und rufen das Zeitalter der *post privacy* ☞ w2424 aus. Insbesondere Chefs von großen Informatikfirmen haben sich mehrfach in diese Richtung geäußert, so zum Beispiel der ehemalige CEO von Sun Microsystems, Scott McNealy. Er meinte 1999: »Sie haben ohnehin null Privatsphäre. Kommen Sie damit klar!« Zehn Jahre später erklärte der damalige CEO von Google, Eric Schmidt, lapidar: »Wenn es etwas gibt, von dem man nicht möchte, dass es die Welt erfährt, dann sollte man es nicht tun.« Wird damit George Orwells Roman *1984* ☞ b221 noch übertroffen und führt das Bewusstsein, wie in Benthams Panoptikum ☞ w2016 dauernd beobachtet zu werden, dazu, dass Menschen sich selbst im Privaten nicht mehr trauen, gewisse Dinge zu tun, zu sagen oder gar zu denken?

Anders als in *1984* beschrieben, fürchten sich Staat und Unternehmen allerdings auch vor der neuen Macht einzelner Menschen. Hatte die Aufdeckung der Watergate-Affäre noch einen Fotokopierer und viel Handarbeit benötigt, um ein 44-bändiges Geheimdokument an die Öffentlichkeit zu bringen, genügen in der heutigen Zeit fingernagelgroße USB-Sticks oder das allgegenwärtige Internet, um Dokumente aus geschützten Armee- und Staatsumgebungen zu entwenden, die früher in Papierform mehrere Lastwagen gefüllt hätten. Wikileaks ☞ w2216 und die von Edward Snowden ☞ p13594 aufgedeckten Geheimdienstaktivitäten ☞ b5666 sind dafür die bisher prominentesten Beispiele.

Auch Unternehmen fürchten sich heutzutage vor einzelnen Kundinnen und Kunden. Einerseits war es für die Kundschaft noch nie so einfach, Preisvergleiche herzustellen, andererseits können unzufriedene Kunden dank Internet und Social Media viel einfacher Aufmerksamkeit erregen und mitunter mit einem Shitstorm ☞ w2838 den Ruf eines Unternehmens beschädigen. So erreichte beispielsweise der Protestsong *United breaks guitars* eine solche Verbreitung, dass bei der Eingabe von »United« die Suchmaschine Google eine Zeit lang automatisch »breaks guitars« als Ergänzung vorschlug.

Digitalisierung, Automatisierung und Vernetzung beeinflussen auch das Verhältnis von Unternehmen und Staaten. So zeigen die von Edward Snowden veröffentlichten Dokumente, dass Geheimdienste auch handfeste Wirtschaftsspionage betreiben und damit den Unternehmen im eigenen Land auf Kosten ausländischer Unternehmen helfen. Unternehmen wiederum können sich dank der Globalisierung immer stärker staatlichen Regulierungen und insbesondere staatlichen Steuern entziehen ☞ w2839. Immaterielle Güter wie Software oder Patente lassen sich an einem beliebigen Ort auf der Welt registrieren. Weltweit operierende Unternehmen gründen somit Briefkastenfirmen an Orten, an denen die staatlichen Regelungen bezüglich Steuerbelastung oder Datenschutz für sie besonders optimal sind, und verschieben ihre Unternehmensgewinne oder ihre Daten dorthin.

Einige dieser Entwicklungen des Internets, aber auch viele seiner Potenziale, sind auf dessen offene Grundarchitektur zurückzuführen. Verschiedene Experten befürchten jedoch, dass diese Offenheit von kurzer Dauer sein könnte ☞ a1226. So weist beispielsweise Jonathan Zittrain in seinem Buch *The Future of the Internet* ☞ b3620 bereits im Jahr 2006 darauf hin, dass frühere

Betriebssysteme das Installieren beliebiger Software erlaubt haben, aktuelle Geräte jedoch nur noch beschränkte Installationsmöglichkeiten bieten. Eine ähnliche Einschränkung findet im Internet statt, das offene World Wide Web droht, durch geschlossene soziale Netzwerke wie Facebook ersetzt zu werden. Somit könnten bald kommerzielle Unternehmen entscheiden, was im Internet wie leicht zu finden ist. Darum geht es unter anderem bei der aktuellen Diskussion um die Netzneutralität ☞ w2130. Damit wird die aktuelle, allerdings ungeschriebene Regel im Internet bezeichnet, dass alle Daten gleichberechtigt weitergeleitet werden. Derzeit kann niemand mit Geld erreichen, dass seine Daten schneller oder zuverlässiger ankommen. Tim Wu zeigt in seinem im Jahr 2010 erschienenen Buch *The Master Switch* ☞ b5030, dass bereits frühere Medien mit einer Phase der Offenheit begonnen haben und nach einiger Zeit durch Marktentwicklungen und staatliche Eingriffe stark reguliert und eingeschränkt wurden.

Werkzeuge prägen unser Denken

Die Digitalisierung verändert nicht nur die Arbeitswelt und führt zu einem allgemeinen Kontrollverlust. Der Leitmedienwechsel verändert auch unser Denken und Zusammenleben – das wird bereits klar, wenn man sich die Veränderungen in unserer Kommunikation und Terminplanung durch E-Mail und Mobiltelefon vor Augen führt. Unverbindlichkeit und Entscheidungen in letzter Sekunde haben stark zugenommen. Medientheoretiker wie Vilém Flusser ☞ p210, Marshall McLuhan ☞ p332 oder Neil Postman ☞ p132 haben bereits vor dem Aufkommen des Computers darauf aufmerksam gemacht, dass Werkzeuge schon immer unser Denken und Handeln beeinflusst haben ☞ a113.

Exemplarisch für die Veränderungen unseres Denkens und Handelns durch digitale Werkzeuge und Medien soll an dieser Stelle nur die These vorgestellt werden, dass der Computer den Wunsch oder die Sucht, alles zu messen und zu dokumentieren, stark erhöht hat. Bei Individuen wird dieser Trend als *quantified self* ☞ w2356 bezeichnet und kommt mit Fitnessarmbändern und Smartwatches vermutlich gerade erst auf – medizinische Daten dürften bald folgen. Noch stärker scheint die von

Gunter Dueck *Omnimetrie* ☞ w1810 genannte Entwicklung bei Organisationen zu sein. Qualitätsmanagement, Zertifizierung, Akkreditierung sind die Stichworte dieser zunehmenden Bürokratisierung vieler Abläufe. Da nur gemessen und automatisiert werden kann, was formalisiert und standardisiert wurde ☞ a830, führt dies oft auch zu einer Anpassung der Messkriterien und Abläufe. Es droht die Gefahr, dass nur noch das Messbare zählt.

Es gäbe noch unzählige Veränderungen in allen Lebensbereichen zu schildern, die der Leitmedienwechsel mit sich bringt. Doch bereits mit dem bisher Aufgeführten wird deutlich, dass die Erfindung des Computers mit derjenigen des Buchdrucks vergleichbar ist. Es handelt sich um einen Leitmedienwechsel, der alle Aspekte des Lebens betrifft und für die Schule weit größere Herausforderungen mit sich bringt als die Frage, ob und wie Computer in der Schule genutzt werden sollen.

Doch wie soll die Schule auf den Leitmedienwechsel reagieren? Es fehlt diesbezüglich keineswegs an Vorschlägen und Rezepten. Das nächste Kapitel zeigt das ganze Spektrum, wie die Akteure an den Schulen auf den Leitmedienwechsel reagieren; vom Versuch, die Entwicklung zu ignorieren, bis hin zu Vorschlägen, die Schule zu revolutionieren oder in ihrer heutigen Form gar ganz abzuschaffen, sind die unterschiedlichsten Positionen zu beobachten.

Wer sich vertiefter mit dem Leitmedienwechsel beschäftigen möchte, dem sei einerseits die untenstehende Literatur empfohlen. Andererseits enthält der Anhang A »Gesetze des Digitalen« in Kurzform die wichtigsten ökonomischen und gesellschaftlichen Zusammenhänge des Digitalzeitalters.

Kernaussagen

> Die Digitalisierung und die daraus entstehende Automatisierung und Vernetzung führen dazu, dass der vernetzte Computer das Buch zunehmend als Leitmedium ablöst.

> Wir befinden uns mitten in diesem Leitmedienwechsel, dessen Umfang, Ende und Konsequenzen nur schwer abzuschätzen sind.

> Die Auswirkungen des Leitmedienwechsels sind vergleichbar mit denjenigen bei der Erfindung und Verbreitung des Buchdrucks und betreffen alle Bereiche unseres Lebens.

> Ökonomisch betrachtet drohen durch den aktuellen Leitmedienwechsel Arbeitslosigkeit und ein steigendes Wohlstandsgefälle.

> Auf der gesellschaftlichen Ebene führt der Leitmedienwechsel zu einem Kontrollverlust sowohl von Organisationen als auch von Einzelpersonen.

> Computer prägen das Denken und Handeln sowohl von Einzelnen als auch von Organisationen.

Weiterführende Literatur

> Pedro Domingos (2015): *The Master Algorithm* ☞ **b6040**

> Erik Brynjolfsson und Andrew McAfee (2014): *The Second Machine Age* ☞ **b5404**

> Michael Seemann (2014): *Das Neue Spiel – Strategien für die Welt nach dem digitalen Kontrollverlust* ☞ **b5961**

> Constanze Kurz und Frank Rieger (2013): *Arbeitsfrei* ☞ **b5378**

> Mercedes Bunz (2012): *Die stille Revolution* ☞ **b5072**

> Dirk Baecker (2007): *Studien zur nächsten Gesellschaft* ☞ **b4152**

> David Weinberger (2007): *Das Ende der Schublade. Die Macht der neuen digitalen Unordnung* ☞ **b3258**

> Michael Giesecke (2002): *Von den Mythen der Buchkultur zu den Visionen der Informationsgesellschaft* ☞ **b2961**

> Lev Manovich (2001): *The Language of New Media* ☞ **b3145**

> Manuel Castells (1996): *Der Aufstieg der Netzwerkgesellschaft* ☞ **b4855**

> Nicholas Negroponte (1995): *Total Digital* ☞ **b99**

> Klaus Haefner (1982): *Die neue Bildungskrise* ☞ **b127**

> Alvin Toffler (1970): *Future Shock* ☞ **b4466**

Alle zitierten Quellen dieses Kapitels finden Sie unter ☞ **t16001**.

WIE SOLL DIE SCHULE AUF DEN LEITMEDIEN-WECHSEL REAGIEREN?

Der durch Digitalisierung, Automatisierung und Vernetzung getriebene Leitmedienwechsel vom Buch zum Computer birgt große Herausforderungen für Wirtschaft, Gesellschaft und Individuen. Wie soll die Schule damit umgehen ☞ f154? Als Antwort auf diese Frage gibt es zahlreiche Empfehlungen, die sowohl in der Bildungspolitik als auch an Elternabenden und in Leserbriefspalten kontrovers diskutiert werden. Nicht nur bezüglich der Tragweite der Entwicklung scheiden sich die Geister. Auch die Bedeutung von Allgemeinbildung, Schule und Staat stehen zur Diskussion. Da bei dieser Frage Zukunftsprognosen, persönliche Werthaltungen und eigene Schulerfahrungen zusammenkommen, ist schwerlich mit Einigkeit zu rechnen.

Bevor der Autor selbst Stellung bezieht, wird in diesem Kapitel zunächst das gesamte Spektrum aufgezeigt, welche Reaktionsweisen auf den Leitmedienwechsel an Schulen zu beobachten sind. Diese »Leitmedienwechsel-Reaktionsskala« erleichtert einerseits den Überblick über die Debatte. Die Skala kann aber auch ganz konkret in Diskussionen hilfreich sein, um verschiedene Gesprächsbeiträge und Standpunkte einordnen und die dahinterstehenden Positionen voneinander abgrenzen beziehungsweise überhaupt erkennen zu können.

Leitmedienwechsel-Reaktion 0: Ignorieren

Die einfachste Art, auf den Leitmedienwechsel zu reagieren, besteht darin, den Wandel auszublenden oder die Folgen für Schule und Bildung zu leugnen ☞ a1180. Diese Haltung trifft man im bildungspolitischen Alltag häufig an. Mitunter ist es jedoch schwierig abzuschätzen, ob es sich beim Ignorieren des Themas um eine bewusste oder unbewusste Entscheidung handelt. Woran lässt sich das Ignorieren eines Themas überhaupt erkennen? Äußert es sich darin, dass ein Thema *nicht* angesprochen wird? Es gibt Dokumente, welche diese Ignoranz sichtbar werden lassen. Die derzeit wählerstärkste Schweizer Partei, die Schweizerische Volkspartei (SVP), hat 2010 einen Lehrplanentwurf für die gesamte Schweizer Volksschule vom Kindergarten bis zum Ende der obligatorischen Schulzeit vorgelegt. In dem 94-seitigen Schriftstück kommt der Begriff »Computer« gerade zwei Mal und der Begriff »Internet« ein einziges Mal vor, jedoch nie im Zusammenhang mit der Frage, was Schülerinnen und Schüler künftig lernen sollen. Stattdessen wird die lähmende Verzettelung des heutigen Unterrichts kritisiert und eine Konzentration auf die basalen »Fertigkeiten Lesen, Schreiben, Rechnen« gefordert. Dementsprechend findet Digitalisierung und Leitmedienwechsel bei der SVP nicht statt. Dass die Digitalisierung kein Thema ist, dürfte eine bewusste Konsequenz der Parteipolitik sein, die sich auch außerhalb der Bildung auf Altbewährtes fokussiert.

Weniger klar ist die Sache bei Bildungsexpertinnen und -experten. Einerseits existiert eine Fülle an spezifischer Literatur, die sich mit der Frage beschäftigt, welche Konsequenzen die Digitalisierung für Lehrpläne, Unterrichtsgestaltung, Lehrerinnen- und Lehrerausbildung und Schulhausinfrastruktur haben sollte ☞ f154. Andererseits scheint die allgemeine deutschsprachige bildungspolitische Literatur das Thema »Leitmedienwechsel« bisher weitgehend zu ignorieren. So zählen zwei neuere bildungspolitische Publikationen die Digitalisierung beziehungsweise den Leitmedienwechsel nicht zu den aktuellen Herausforderungen der Schule. Rolf Dubs liefert in seinem 2010 publizierten Buch *Bildungspolitik und Schule – wohin* ☞ b4790 kurze und leicht verständliche Entscheidungshilfen zu 38 wichtigen Schulthemen, Digitalisierung oder Leitmedienwechsel sucht man jedoch vergebens. Auch in den 18 Beiträgen des 2011 von Lucien Criblez, Barbara Müller und Jürgen Oelkers herausgegebenen Sammelbands *Die Volksschule zwischen Innovationsdruck und Reformkritik* ☞ b5210 ist der Leitmedienwechsel erstaunlicherweise kein Thema. Selbst im Beitrag zum Thema »Lehrmittel« wird die Digitalisierung nicht einmal im Abschnitt *Künftige Entwicklungen* erwähnt ☞ t15326. Der Begriff »multimedial« fällt zwar mehrfach, aber digitalen Medien bleibt im Text knapp die Rolle der Ergänzung zum gedruckten Lehrmittel.

Leitmedienwechsel-Reaktion -1: Gegensteuern!

Einfacher einzuordnen sind die Reaktionen derer, die in der Digitalisierung vor allem negative Folgen für Schule und Bildung sehen und entsprechend gegensteuern möchten. Oft wird ein idealisiertes Bild der bisherigen Schule dem Schreckensszenario einer vollständig digitalisierten Lebenswelt gegenübergestellt. Gemäß dieser Argumentation ist es die Aufgabe der Schule, eine möglichst von der Digitalisierung unberührte Umgebung zu erhalten ☞ a1192. In der Schule sollen diejenigen Kompetenzen gefördert werden können, die durch die Digitalisierung bedroht werden. Vertreterinnen und Vertreter dieser Position sehen die gesunde Entwicklung von Kindern durch digitale Medien bedroht, dies insbesondere in der Schule. Häufig sind Aussagen der folgenden Art zu hören:

> **Kinder benötigen Primärerfahrungen,** computervermittelte, virtuelle Erfahrungen können diese nicht ersetzen und würden die Kinder nur verwirren und überfordern. ☞ a295

> **Kinder benötigen Bewegung,** und Computernutzung führt zu phlegmatischem Herumsitzen und damit zu Haltungsschäden und Übergewicht.

> **Kinder benötigen eine geschützte Kindheit,** die sie vor gewalthaltigen und pornografischen medialen Einflüssen der rohen Erwachsenenwelt abschirmt.

> **Kinder müssen vor falschen Anreizen geschützt werden.** Digitale Medien fördern Konsumismus und liefern zu leichte Erfolgserlebnisse, was die Anstrengungsbereitschaft und damit die Schulleistungen senkt.

> **Kinder müssen selbst denken lernen** und sollen dies weder dem Computer überlassen noch sich mit oberflächlichen Antworten aus dem Internet zufriedengeben.

Eine konstruktive Diskussion ist mit Vertreterinnen und Vertretern dieser Position manchmal schwierig, vor allem dann, wenn eine absolute Entweder-oder-Position vertreten wird, die mitunter auch sektiererische Züge annehmen kann. Kapitel 7 beschäftigt sich intensiver mit der Frage, wie mit dieser destruktiven Pauschalkritik umgegangen werden kann.

Leitmedienwechsel-Reaktion 1:
Integration in alle Fächer

Während dies die ersten beiden Reaktionsweisen verneinen, sind sich die Vertreter der nächsten Positionen darin einig, dass der Leitmedienwechsel ein Thema darstellt, das die Schule betrifft. Es gibt allerdings unterschiedliche Auffassungen darüber, wie stark sich die Schule vom Leitmedienwechsel beeinflussen lassen soll. Die derzeit verbreitetste Position geht davon aus, dass die Digitalisierung alle Lebensbereiche betrifft und deshalb auch in alle Schulfächer integriert werden sollte ☞ a1181. Die Digitalisierung wird als Thema der Allgemeinbildung gesehen. Dabei reichen die Begründungen von einem eher sanften »Es genügt, wenn sich alle Fächer etwas mit digitalen Themen beschäftigen« bis zum stärkeren »Da der Leitmedienwechsel überall stattfindet, müssen entsprechende Themen auch überall integriert werden!«. Die integrative Position ist bereits in vielen aktuellen Lehrplänen zu finden. Oft wird dabei in Lehrplanzusätzen definiert, was im Bereich der Digitalisierung zu vermitteln sei, ein eigenes Fach oder dafür reservierte Unterrichtsstunden sind dafür aber nicht vorgesehen. In der Lehrerinnen- und Lehrerbildung zeigt sich diese Position darin, dass keine entsprechend expliziten Ausbildungsmodule mit digitalen Themen vorgesehen sind, sondern diese in andere Module integriert werden.

Leitmedienwechsel-Reaktion 2:
Es braucht ein Fach

Ohne Zeitgefäß fehle dem Thema die notwendige Verbindlichkeit, monieren die Verfechterinnen und Verfechter eines eigenen Fachs. Im Vergleich zu den als Fächer strukturierten Bereichen würden überfachliche Aspekte auf mehreren Ebenen oft marginalisiert, wenn die Ressourcen fehlen. In der Schule würden sich Lehrkräfte daher eher auf Themen konzentrieren, für die Noten vergeben werden. In der Ausbildung von Lehrerinnen und Lehrern werde das Gewicht stärker auf die Fächer als auf überfachliche Aspekte gelegt, sowohl was die Ausbildungszeit der Studierenden als auch was die Schaffung von entsprechenden Lehrstühlen betrifft. Schulbehörden und Schulleitungen würden Weiterbildungen eher als unumgänglich akzeptieren, wenn das Thema auf dem Stundenplan stehe, und Lehrmittelhersteller sähen eher einen Markt für Themen, die in der Schule als Fach definiert sind. Angesichts der Erfahrungen der letzten zwanzig Jahre betrachten Kritiker die Integrationsvariante als gescheitert. Erst ein eigenes Fach mit Zeitgefäß und Noten sorge für die notwendige Verbindlichkeit ☞ a1182.

Leitmedienwechsel-Reaktion 3: Es braucht sowohl ein Fach als auch Fächerintegration

Die Wahl zwischen Integration und eigenem Fach sei ein falsches Dilemma, das in den letzten 30 Jahren oft die Bildungspolitik blockiert habe, entgegnen demgegenüber die Vertreter der Leitmedienwechsel-Reaktion 3: Während bei der Integration in alle Fächer die Verbindlichkeit fehlt, droht bei der Schaffung eines eigenen Fachs das Thema an eine Speziallehrkraft ausgelagert zu werden. Die übrigen Lehrerinnen und Lehrer fühlten sich damit nicht mehr verpflichtet, sich um Aspekte der Digitalisierung zu kümmern, denn dafür sei ja nun jemand anderes zuständig. Damit ist die Empfehlung zum Leitmedienwechsel bei dieser Position kein Entweder-oder, sondern ein Sowohl-als-auch: Es brauche sowohl ein Fach als auch eine Fächerintegration ☞ a1183. Es zweifle schließlich auch niemand an einem Schulfach Deutsch, obwohl in allen anderen Schulfächern ebenfalls Deutsch gesprochen wird.

Leitmedienwechsel-Reaktion 4: Schule muss neu gedacht werden

Die bisher beschriebenen Reaktionsweisen 1 bis 3 betrachten digitale Kompetenzen als zusätzlichen Aspekt, welcher die bisherigen Rahmenbedingungen von Schule (Lehrpläne, Fächer, Stundenplan, Prüfungsformen usw.) nicht infrage stellt. Für Vertreter der Leitmedienwechsel-Reaktion 4 hingegen ist Schule in der bisherigen Form veraltet und ungeeignet für die Herausforderungen der Zukunft. Der Grundgedanke dieser Position geht davon aus, dass in der heutigen globalisierten und vernetzten Welt die großen Probleme in interdisziplinären Teams angegangen werden müssen. Die heutige Schule sei auf die Bedürfnisse der Industriegesellschaft ausgerichtet ☞ a1043 und sei deshalb selbst auch wie eine Fabrik organisiert ☞ a1175: Kinder und Jugendliche würden entsprechend ihrem Alter in Schulzimmer gesteckt, in denen eine einzige Person in 45-Minuten-Portionen erkläre, was richtig und was falsch sei. Dieses auswendig gelernte Wissen werde dann in Einzelprüfungen wieder abgefragt, starre und straffe Strukturen also, in denen die Gleichschaltung aller Produkte und Menschen angestrebt würde. Aus dieser Kritik wird abgeleitet, dass die Fabrikschule von gestern nicht geeignet sei, Schülerinnen und Schüler auf die Welt von morgen vorzubereiten ☞ a1184. Schule müsse also grundlegend neu gestaltet werden, um den Erfordernissen im Leitmedienwechsel gerecht zu werden.

Das Video eines Vortrags von Sir Ken Robinson, welches diese Position mit einer sehenswerten, wenn nicht gar suggestiven Comic-Visualisierung begründet ☞ t12665, wurde in den letzten vier Jahren über elf Millionen Mal angeklickt.

Leitmedienwechsel-Reaktion 5: Wer redet noch von formaler Bildung?

Im Internet verfügbare Videos sind ein gutes Stichwort für die Argumentation der Leitmedien-Reaktion 5: Das Internet biete so viele Ressourcen, dass gar keine formale Bildung mehr notwendig sei. Interessierte Lernende finden im Internet sowohl massenhaft Inhalte, fertige Kurse als auch Gleichgesinnte, um sich auszutauschen. Die Schule verliere zunehmend ihr Informationsmonopol ☞ a974, und das informelle Lernen sei der Ausweg aus einem hoffnungslos veralteten formalen Bildungssystem namens Schule ☞ a1185. Dass die Schule nicht zum Leitmedienwechsel passe, hat Lewis Perelman 1992 im Buch *School's out* ☞ b2138 sehr deutlich formuliert, als er meinte, Computer in die Schule zu integrieren sei etwa so sinnvoll wie Verbrennungsmotoren in Pferde einbauen zu wollen. Auch der Piaget-Schüler und LOGO-Erfinder Seymour Papert meinte bereits 1984, dass der Computer die Schule zum Verschwinden bringen werde – zumindest dann, wenn man Schule als einen Ort definiere, an dem Lernende nach Jahrgängen in Klassen eingeteilt sowie einheitliche Lehrpläne und Prüfungen durchführende Lehrkräfte existieren würden

☞ **t15231**. Diese Einschränkung zeigt, dass die auf den ersten Blick klare Trennung zwischen Position 4 und 5 eher fließend verläuft. Es ist eine zunehmende Unzufriedenheit mit den derzeitigen Schulstrukturen, die in der Position 5 schließlich dazu führt, dass eine Reformation der Schule nicht für möglich gehalten und deshalb das Ende der formalen Bildung ausgerufen wird. Auch die Leitmedienwechsel-Reaktion 5 ist nicht erst in den letzten Jahren entstanden. Neil Selwyn nennt Ivan Illichs *Deschooling Society* ☞ **b5209** von 1971 und Perelmans *School's out* von 1992 als prominente Vorreiter dieser Position ☞ **t15205**. Während Selwyn bei Illich eher eine Kapitalismuskritik als Motivation sieht, ortet er heute auch neoliberale Überlegungen als Hintergrund des Rufs nach Abschaffung der Schule. Gemäß dieser Argumentation hat die Digitalisierung eine staatlich organisierte und finanzierte Schule überflüssig gemacht. Dank moderner Technologie könnten einerseits die Lernenden selbst Verantwortung für das eigene Lernen übernehmen und andererseits kommerzielle Unternehmen die benötigten Lerninfrastrukturen anbieten. Spätestens hier zeigt sich, dass die Frage nach der richtigen Leitmedienwechsel-Reaktion weit über didaktisch-pädagogische Aspekte hinausgeht.

Leitmedienwechsel-Reaktion 6: Wer redet noch von Bildung?

Die radikalste Reaktionsstufe schließlich orientiert sich an der Singularitätstheorie, die unter anderem vom Informatiker und Futurologen Ray Kurzweil, ☞ **p691** prominent vertreten wird. Mit der Singularität ☞ **w2236** ist der Zeitpunkt gemeint, an dem die künstliche Intelligenz die menschliche Intelligenz übertreffen wird. Kurzweil und andere prognostizieren die Singularität für die Zeit zwischen 2030 und 2040, da in dieser Zeit die reine Rechenkapazität eines Computers diejenige eines menschlichen Gehirns übertreffen wird, wenn das mooresche Gesetz (siehe Kapitel 1) bis dann weiter gültig bleibt. Spätestens zu diesem Zeitpunkt werde es nicht mehr darum gehen, die Bildung von Menschen zu optimieren, sondern das Zusammenleben von Menschen mit intelligenten Robotern zu organisieren und in letzter

Konsequenz der künstlichen Intelligenz zu erklären, warum die menschliche Intelligenz überhaupt noch nützlich sei ☞ a1186. Der Posthumanismus benötigt keine Bildung.

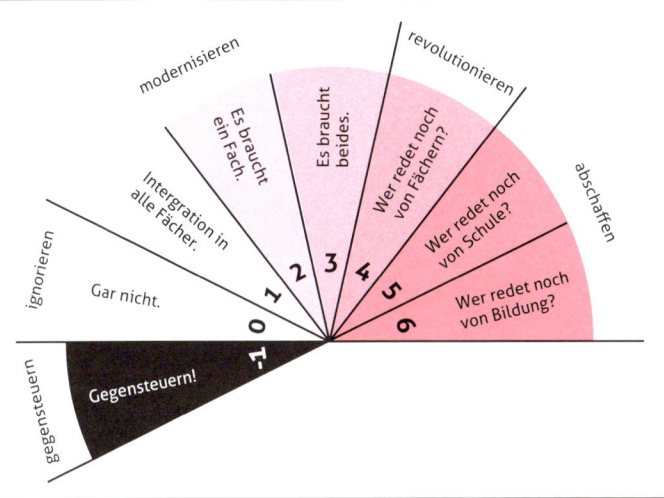

Abbildung 2.1: *Mögliche Reaktionen der Schule auf den digitalen Leitmedienwechsel*

Fazit

In der bildungspolitischen Diskussion findet sich eine große Bandbreite an Meinungen, was mit der Schule angesichts des Leitmedienwechsels geschehen sollte. Sie reicht von abwehrenden oder ignoranten Haltungen über gemäßigte Modernisierungsabsichten und revolutionäre Sichtweisen bis hin zur Forderung, die Schule oder gar die Bildung abzuschaffen (siehe Abbildung 2.1). Diese Positionen sind unvereinbar. In ihnen spiegelt sich weit mehr als die Frage nach der Bedeutung des Computers in der Schule wider. Die Leitmedienwechsel-Reaktionen repräsentieren ganze Welt- und Wertvorstellungen. Entsprechend schwierig sind Diskussionen zu diesem Thema. Die Leitmedienreaktions-Skala kann aber helfen, extremere Positionen in pragmatischen Diskussionen in ihre Schranken zu verweisen, entweder laut vernehmbar öffentlich oder leise für sich selbst.

Kernaussagen

> Die Bandbreite an Vorschlägen, wie die Schule auf den Leitmedienwechsel reagieren soll, ist sehr groß und reicht vom Ignorieren bis zur Abschaffung der Schule beziehungsweise der Bildung.

> Die Leitmedienwechsel-Reaktionen repräsentieren Welt- und Wertvorstellungen.

> Die Leitmedienreaktions-Skala kann in Diskussionen klärend wirken.

Alle zitierten Quellen dieses Kapitels finden Sie unter ☞ **t16002**.

3

WELCHE
ALLGEMEIN-
BILDUNG WIRD
IM LEITMEDIEN-
WECHSEL
BENÖTIGT?

Der in Kapitel 1 beschriebene Leitmedienwechsel macht auch vor der Schule nicht Halt. Digitalisierung, Automatisierung, Vernetzung und die damit einhergehende Globalisierung stellen die Schule vor große Herausforderungen. Kapitel 2 hat das Spektrum möglicher Reaktionsweisen vorgestellt. Dieses Kapitel konzentriert sich auf die Positionen »Integrieren« bis »Fächer abschaffen« und geht davon aus, dass die Schule auch weiterhin der Ort der Vermittlung einer guten Allgemeinbildung sein wird, sich aber anpassen muss.

Es existiert eine Flut von Publikationen und Studien zur Frage, welche Ausbildung oder Allgemeinbildung im Leitmedienwechsel notwendig ist. Dieses Kapitel bietet eine Übersicht der wesentlichen Aspekte. Wer sich für Details der unterschiedlichen Ansätze interessiert, sei auf die entsprechende Literaturliste ☞ f38 oder die Literaturauswahl am Ende des Kapitels verwiesen.

Abbildung 3.1 zeigt eine Übersicht der allgemeinen und digitalen Kompetenzen, die durch den Leitmedienwechsel an Bedeutung gewinnen. Im Folgenden werden die allgemeinen Kompetenzen beschrieben. Kapitel 5 widmet sich dann den digitalen Kompetenzen, also den spezifischen Kenntnissen und Fertigkeiten, die es im Umgang mit digitalen Medien braucht.

Zusammengefasst betrifft der Leitmedienwechsel die Schule folgendermaßen:

> **Veränderte Sozialisation von Kindern und Jugendlichen:** Digitale Medien haben die Informations- und Kommunikationsgewohnheiten der Gesellschaft, insbesondere aber von Schülerinnen und Schülern stark verändert. So ist beispielsweise die ständige Verfügbarkeit von lexikalischem Wissen und der Peergroup alltäglich.

> **Veränderte Berufswelt:** Digitalisierung, Automatisierung und Vernetzung sind im Begriff, die Berufswelt grundlegend zu verändern. Aufgrund der Informationsflut, dem Verschwinden bisheriger Berufe und der zunehmenden Globalisierung verändern sich bestimmte Arbeitsweisen, die Anforderungen nehmen zu. Da sich auch die Geschwindigkeit erhöht, mit der Veränderungen hinzukommen, erfordert dies lebenslanges Lernen.

> **Verlust des schulischen Informationsmonopols:** Mit der zunehmenden Verfügbarkeit von Informationen im Internet verliert die Schule zunehmend ihr Informationsmonopol. Interessierte Schülerinnen und Schüler finden zu praktisch allen Themen Informationen und Anleitungen im Netz. Vor allem bei älteren Schülerinnen und Schülern gewinnt deshalb das außerschulische, informelle Lernen an Bedeutung. Die Schule gerät diesbezüglich unter einen stärkeren Legitimationsdruck.

> **Neue Werkzeuge für das Lernen und Arbeiten:** Mit dem Leitmedienwechsel stehen zahlreiche neue Werkzeuge für das Lernen und Arbeiten zur Verfügung. Sie erleichtern die Zusammenarbeit und stärken nichttextuelle Information und Kommunikation durch Töne, Bilder und Video, erfordern aber zum Teil veränderte Arbeitsweisen.

> **Neue Themen für das Verständnis der heutigen Welt:** Um die heutige Welt zu verstehen, müssen Schülerinnen und Schüler über ein Grundverständnis des Digitalen verfügen. Über dieses Grundverständnis verfügen heute im Allgemeinen weder Lehrkräfte noch Schülerinnen und Schüler.

Die Schule steht also vor der Herausforderung, anders sozialisierte Kinder und Jugendliche mit zusätzlichen, neuen Werkzeugen auf eine sich verändernde und noch unbekannte Berufs- und Lebenswelt vorzubereiten. Sie muss deshalb lernen, mit, über und trotz digitaler Medien ihrem Bildungsauftrag nachzukommen.

Auslöser

Digitalisierung

Automatisierung

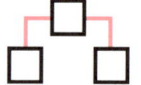
Vernetzung

Globalisierung

Folgen für die Schule

Veränderte
Sozialisation

Internationale
Zusammenarbeit

Automatisierung des
Automatisierbaren

Informationsflut

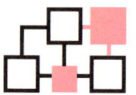
Komplexere
Probleme

Beschleunigter
Wandel

Allgemeine Kompetenzen

Teamfähigkeit
Sozialkompetenz

Kreativität

Kommunikations-
kompetenz

Konzentration
auf das Nicht-
automatisierbare

Filterkompetenz

Systemdenken

Lebenslanges Lernen

Digitale Kompetenzen

Medien-
kompetenzen

Informatik-
kompetenzen

Anwendungs-
kompetenzen

Abbildung 3.1: *Allgemeine und digitale Kompetenzen, die durch den Leitmedienwechsel wichtiger werden*

Konzentration auf das Nichtautomatisierbare

Computer ermöglichen die Automatisierung von immer mehr Arbeitsabläufen, zunehmend auch von Tätigkeiten, die vor kurzem noch dem Menschen vorbehalten schienen. Der ökonomische Druck führt dazu, dass menschliche Tätigkeiten automatisiert werden, sobald dies günstiger ist, als einen Menschen dafür anzustellen – es findet eine Automatisierung des Automatisierbaren ☞ a118 statt. Ausgerechnet ein Informatikprofessor hat dafür bereits 1982 eine erstaunliche Konsequenz formuliert. Klaus Haefner postuliert: Wenn der Computer Tätigkeiten automatisiert, dann muss sich die Schule auf die Vermittlung von Kompetenzen konzentrieren, die nicht automatisierbar sind ☞ a514. Er betont diesbezüglich das Nichtrationale und erwähnt explizit musisch-künstlerische Kompetenzen. Laut Haefner hat die Schule damit die Möglichkeit, mehr Unberechenbare ☞ w1450 und weniger Substituierbare ☞ w1449 auszubilden (siehe auch Kapitel 1).

Mit der Forderung nach einer Konzentration auf das Nichtautomatisierbare ☞ a119 ist Haefner keineswegs allein – zahlreiche Autorinnen und Autoren gewichten typisch menschliche Kompetenzen wie Kreativität, Teamfähigkeit oder Sozialkompetenz sowie Kommunikationskompetenz stärker als technische Medienkompetenzen. In die gleiche Richtung zielt auch die Forderung, Spontaneität, Intuition und Querdenken auf Kosten von Fleiß, Ordnung und Auswendiglernen zu fördern (siehe Leitmedienwechsel-Reaktion 4, Kapitel 2).

Kreativität und Querdenken werden in einer digitalisierten Welt wichtiger, weil der Computer die einfachen Probleme bereits gelöst hat und damit die ungelösten Probleme komplexer werden. Diese verlangen teilweise unkonventionelle und interdisziplinäre Lösungsansätze. Zusammen mit der Globalisierung und der damit verbundenen Migration erhöht dies die Notwendigkeit, in heterogenen, multikulturellen Teams zusammenarbeiten zu können. Teamfähigkeit und Sozialkompetenz sind also gefragt.

Vom Sammeln zum Filtern

Die zunehmende Informationsflut ist ein zentrales Merkmal jedes Leitmedienwechsels, so auch beim aktuellen Wechsel vom Buch zum vernetzten Computer. Diese Informationsflut führt zu einem Paradigmenwechsel in der Geschichte der Schule. Vor Computer und Internet ging es in der Schule unter anderem darum, genügend (auch auswendig) zu wissen, um etwas tun zu können. Ziel war es also, Wissen zu sammeln. Das hat sich seit dem Aufkommen von Smartphones verändert: Wir tragen fast das gesamte lexikalisch verfügbare Weltwissen jederzeit in der Tasche herum, haben Zugriff auf Millionen von How-to-Videos, die erklären, wie gewisse Standardprobleme vom Integrieren über das Fliegenfischen bis hin zum Kuchenbacken gelöst werden können. Zudem haben wir mit dem Smartphone auch ein Kommunikationsgerät zur Hand, um jederzeit jemanden um Rat zu fragen. Es ist somit um einiges einfacher geworden, an gesuchte Informationen zu kommen. Gleichzeitig werden wir aber auch zunehmend mit »ungefragten« Informationen geflutet, sei es über digitale Kanäle, sei es durch kostenlose Pendlerzeitungen am Morgen und am Abend. »Informationen sammeln« war früher – heute ist »Informationen filtern« angesagt. Dazu sind zwar digitale Werkzeuge hilfreich und zunehmend notwendig, doch sie genügen nicht, um die Informationsflut bewältigen zu können.

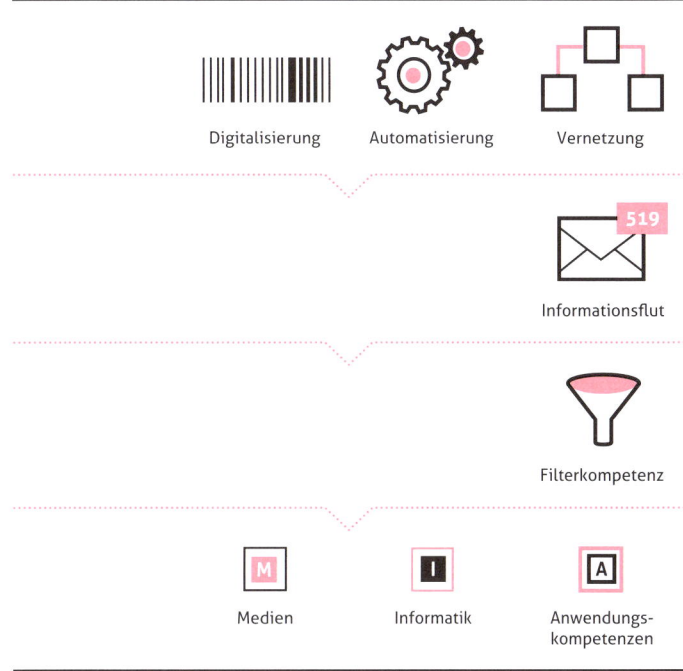

Digitalisierung Automatisierung Vernetzung

519

Informationsflut

Filterkompetenz

M I A

Medien Informatik Anwendungskompetenzen

Abbildung 3.2: *Die Digitalisierung erfordert Filterkompetenz*

Fragen stellen statt nur Antworten geben

Jede Suchmaschine kann innerhalb Sekundenbruchteilen Millionen von Antworten liefern. Die wahre Herausforderung jedoch ist es, die richtigen Fragen zu stellen ☞ a1265 . Schülerinnen und Schüler müssen lernen, Informationsdiensten mit passenden Fragen die gewünschten Informationen zu entlocken. Vor allem aber müssen sie Antworten aus allen Quellen auf Relevanz und Glaubwürdigkeit überprüfen können.

Dies verlangt nach Orientierungswissen. Wer über keine Allgemeinbildung verfügt – zu dem eben auch aus dem Kopf abrufbares Faktenwissen gehört – wird mit einem Wikipedia-Eintrag wenig anfangen können. Der Leitmedienwechsel verringert zwar die Bedeutung des Auswendiglernens – überflüssig macht er es jedoch nicht ☞ a94 .

Das Schlagwort vom »Fragen stellen statt Antworten geben« ist keineswegs neu – Quellenkritik ist ein altes Thema der Allgemeinbildung. Auch in der didaktischen Theorie findet sich eine Entsprechung zur Aussage, dass Faktenwissen allein nicht genügt. Benjamin Bloom hat 1956 eine Taxonomie definiert, mit der sich Lernziele und Prüfungsfragen nach ihrer Komplexität einteilen lassen 🖙 w1622 (siehe Abbildung 3.3).

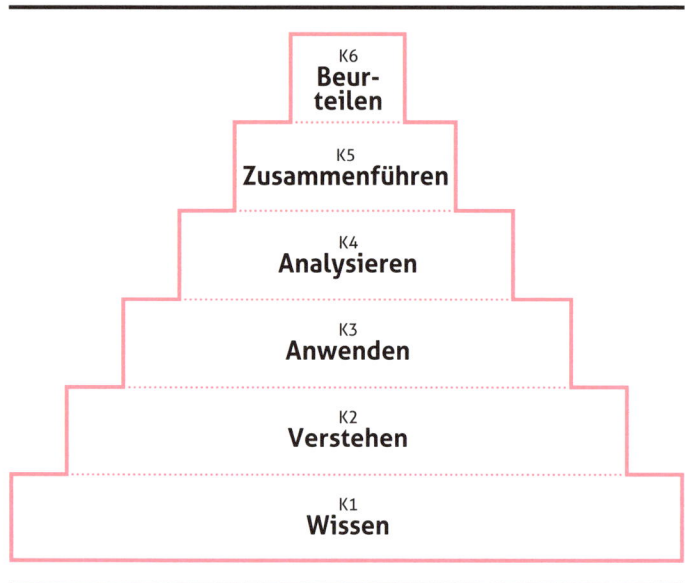

Abbildung 3.3: *Die Taxonomie von Aufgaben und Prüfungsfragen nach Bloom*

Diese Taxonomie wurde lange vor der Verbreitung von Computer und Internet entwickelt. Mit dem Leitmedienwechsel hat sie aber an Bedeutung gewonnen. Je niedriger die Taxonomiestufe, desto größer die Wahrscheinlichkeit, dass die entsprechende Aufgabe bereits heute oder in naher Zukunft von einem Computer gelöst werden kann. Schülerinnen und Schüler müssen somit über kognitive Fähigkeiten niedriger Taxonomiestufen verfügen, um darauf aufbauend Fähigkeiten höherer Taxonomiestufen zu erreichen oder um gewisse einfache Probleme sofort im Kopf ohne

Hilfsmittel lösen zu können. Insgesamt gewinnen die kognitiven Fähigkeiten im oberen K-Bereich der bloomschen Taxonomie an Bedeutung.

Das Vermitteln von Lernzielen höherer Stufen verlangt andere didaktische Herangehensweisen als das bloße Vermitteln von Wissen. Stark vereinfacht ließe sich sagen, dass die Anfang des 20. Jahrhunderts vorherrschende Lerntheorie des Behaviorismus ☞ w22 davon ausging, dass man Schülerinnen und Schülern den Schulstoff mit dem berühmten Nürnberger Trichter einflößen kann. Die Lehrkraft erklärt die richtige Art, etwas zu machen und unterstützt den Lernprozess mit Belohnung. Anfang des 21. Jahrhunderts hat sich die Sichtweise auf den Lernprozess grundlegend geändert: Gemäß konstruktivistischer ☞ w101 Erkenntnistheorie existiert keine Möglichkeit der direkten Wissensvermittlung. Schülerinnen und Schüler müssen sich ihre eigenen Wissensstrukturen aufbauen und erweitern.

Zwischen dem Wechsel vom Buch zum vernetzten Computer als Leitmedium und dem Übergang vom Behaviorismus zum Konstruktivismus lassen sich somit vereinfacht betrachtet gewisse Parallelen ziehen (siehe Abbildung 3.4). Mit der aufkommenden Massenproduktion im 20. Jahrhundert war es wichtig, die Schülerinnen und Schüler auf die eintönige und standardisierte Arbeit in der Fabrik vorzubereiten. Dafür genügte es, wenn diese – gemäß dem 1920 begründeten Behaviorismus – die richtigen Antworten aus dem für alle identischen Schulbuch wiedergeben konnten. In der heutigen Informationsgesellschaft müssen jedoch bestehende Informationen und das eigene Wissen regelmäßig hinterfragt werden. Dazu passt die Erkenntnistheorie des Konstruktivismus, der das individuelle Aufbauen von Wissensstrukturen in den Vordergrund stellt.

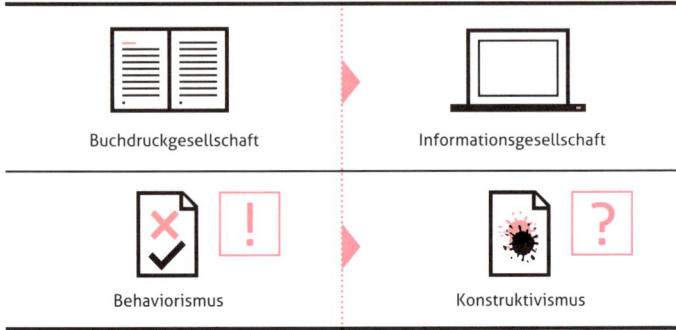

Abbildung 3.4: *Leitmedium und primäre Lerntheorie haben sich geändert*

Die Parallelen lassen sich sogar noch weiter ziehen: Während es Anfang des 20. Jahrhunderts rein technisch gesehen lediglich möglich war, für alle Schülerinnen und Schüler identische Schulbücher zu erstellen, bieten Computer und Internet heutzutage mehr Möglichkeiten für individualisierte Inhalte und Aufgaben. Computer und Internet erfordern zwar somit eine andere Didaktik, bieten aber auch gleich neue Möglichkeiten für deren Umsetzung. Dieser Gedanke wird in Kapitel 4 vertieft.

Verlust des Informationsmonopols

Eine Konsequenz der Informationsflut ist auch, dass die Schule beziehungsweise Lehrerinnen und Lehrer das Informationsmonopol verlieren ☞ a974. Noch vor nicht allzu langer Zeit war die Lehrkraft die alleinige Hüterin des Wissens. Schülerinnen und Schüler hatten es je nach Thema sehr schwer, sich unabhängig von der Lehrkraft Wissen anzueignen. Heute können Lernende mit ihren Smartphones bereits im Unterricht alternative Informationsquellen konsultieren oder aber infrage stellen, warum überhaupt eine Lehrkraft zur Wissensvermittlung benötigt wird.

Open-Internet-Prüfungen?

Der Leitmedienwechsel könnte auch Auswirkungen auf gewisse Prüfungen in der Schule haben. Zwar wird es weiterhin Themen geben, die Schülerinnen und Schüler aus Effizienzgründen ohne digitale Hilfsmittel beherrschen müssen, zum Beispiel das Einmaleins, das Grundvokabular in einer Fremdsprache usw. Daneben gibt es aber zunehmend Fragen, die man außerhalb einer Prüfungssituation praktisch nie ohne digitale Medien bearbeiten würde. Prüfungen, welche digitale Medien ausschließen, werden somit immer weltfremder und prüfen nicht mehr das in der Realität notwendige Wissen und Können ab. Umgekehrt gehört die kompetente Nutzung digitaler Werkzeuge heute zur Allgemeinbildung und muss darum auch geprüft werden.

Welche Konsequenzen hat diese Feststellung? Gewisse Prüfungsfragen müssen kognitiv anspruchsvoller werden, um der Berufs- und Lebenswelt gerecht zu werden, denn kognitiv einfache Fragen lassen sich zunehmend durch den Computer beantworten und sind somit für den Menschen nur als Teil einer anspruchsvolleren Frage relevant. Konkret: Der Computer kann problemlos ausrechnen, ob es sich lohnt, ein Fahrrad im Ausland zu bestellen oder gar selbst zusammenzubauen. Die Vor- und Nachteile der verschiedenen Varianten abschätzen muss man allerdings weiterhin selbst.

Es gibt aber noch einen weiteren Grund, warum gewisse Prüfungsfragen künftig anspruchsvoller werden müssen: Aufgrund der technologischen Entwicklung werden digitale Geräte mit Internetanschluss immer kleiner. Dies hat zur Folge, dass sie immer näher am Körper getragen werden. Smartphone, Smartwatch und Datenbrille existieren bereits, die ersten digitalen Kontaktlinsen entstehen derzeit in den Laboren. Es wird somit für Schulen immer schwieriger, das Schummeln mit digitalen Hilfsmitteln bei Prüfungen zu verhindern. Zwar gilt an vielen Orten während Prüfungen ein Handyverbot, und auch das Uhrenverbot beginnt sich aufgrund von Smartwatches aktuell zu verbreiten, doch spätestens digitale Kontaktlinsen dürften schwierig zu erkennen und zu verbieten sein. Dies dürfte mit dazu beigetragen haben, dass Dänemark 2009 das Konzept der Open-Book-Prüfung ☞ w2828 in den ersten Gymnasien zu Open-Internet-Prüfungen ☞ w2529 erweitert hat, bei der Schülerinnen und Schüler das Internet als Rechercheinstrument nutzen dürfen.

Pädagogik des Überflusses

Die zunehmende Informationsflut hat nicht nur Auswirkungen auf die notwendigen Kompetenzen von Schülerinnen und Schülern. Auch Lehrerinnen und Lehrer sind mit einer »Pädagogik des Überflusses« konfrontiert, wie Martin Weller die Entwicklung nennt ☞ t13833. Früher musste die Schule mit Knappheit umgehen und sich entsprechend organisieren. Es gab nur die Lehrkraft, die über das zu erwerbende Wissen verfügte und meist auch über zu wenig Unterrichtsmaterial für Schülerinnen und Schüler. Heute gibt es neben der Lehrerin oder dem Lehrer zahlreiche Internetquellen sowie einen Überfluss an Unterrichtsmaterial, der noch weiter zunehmen wird. Dies sagt natürlich nur etwas über die Quantität des Materials und noch nichts über seine Qualität aus. Somit gilt auch für Schulen, Schulmediotheken und Lehrkräfte, noch stärker vom Sammeln auf das Filtern umzustellen: Was aus der Fülle des Vorhandenen ist wirklich zweckdienlich? So verkauft ein Schweizer Lehrmittelverlag erfolgreich ein *Lexikon Allgemeinbildung* für die Berufsfachschule, das massiv weniger Informationen enthält als Wikipedia. Das Lehrmittel wird gekauft, weil der Verlag die heute notwendige Filterfunktion wahrgenommen, sich auf das Wesentliche beschränkt und die verwendete Sprache der Zielgruppe angepasst hat.

Systemdenken

Informationstechnologie und Globalisierung führen dazu, dass die technischen und gesellschaftlichen Systeme von heute immer komplexer werden. So erfordert beispielsweise der Umgang mit den begrenzten Ressourcen der Erde oder der Klimawandel ein ganzheitliches Systemdenken ☞ w104, das über reine Ursache-Wirkung-Beziehungen hinausgeht – eine Forderung, die im Zusammenhang mit Bildung für eine nachhaltige Entwicklung (BNE) ☞ w1620 bereits seit längerem gestellt wird. Zu diesen Kompetenzen gehören das Denken in Modellen, die Kenntnis von Systemarchetypen ☞ w1562 oder der Einsatz von Conceptmaps ☞ w445. Dass Informatik ein geeigneter Bereich ist, um dieses Denken in Modellen zu erleben und zu üben, wird in Kapitel 6 näher erläutert.

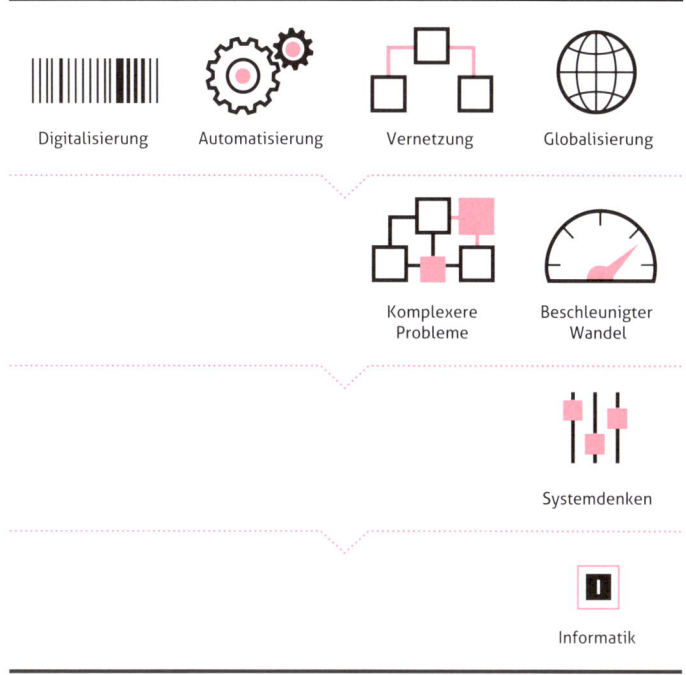

Abbildung 3.5: *Aufgrund komplexerer Probleme und des beschleunigten Wandels wird Systemdenken im digitalen Leitmedienwechsel wichtiger*

Lebenslanges Lernen

Wenn sich aufgrund des digitalen Leitmedienwechsels die Informationsflut weiter erhöht, sich der Wandel beschleunigt und bestehende Tätigkeiten automatisiert werden, so werden Menschen auch nach Schulabschluss weiter lernen müssen ☞ a511 – lebenslanges Lernen ☞ w466 heißt das Schlagwort. Lebenslanges Lernen muss aber bereits in der Schule angelegt werden. Schülerinnen und Schüler müssen lernen, ihr eigenes Lernen zu beobachten und zu steuern ☞ a509. Vor allem aber sollte die Schule Schülerinnen und Schülern die Lernfreude nicht nehmen. In diesem Sinne kann auch die aktuelle Diskussion um die Kompetenzorientierung ☞ w2477 verstanden werden, wo es neben Wissen und Fertigkeiten auch um die Motivation geht, dieses Wissen und diese Fertigkeiten einzusetzen.

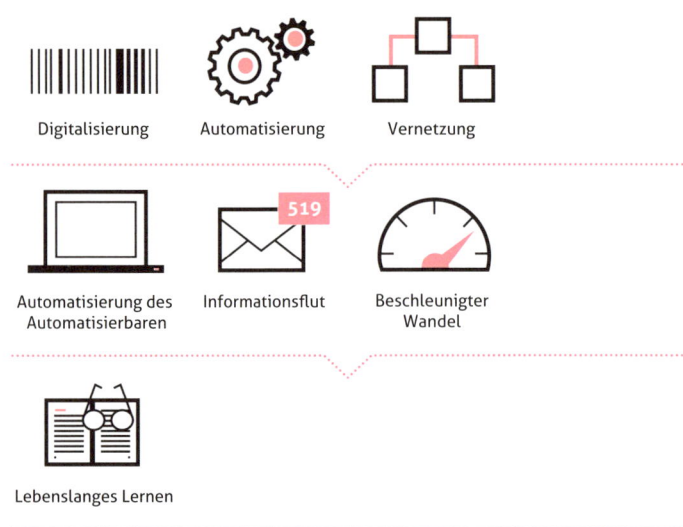

Abbildung 3.6: *Lebenslanges Lernen nimmt aufgrund der Digitalisierung an Bedeutung zu*

Kommunizieren und präsentieren können

Prägendes Element jedes Leitmedienwechsels sind die zunehmenden Kommunikationsmöglichkeiten (siehe Abbildung 1.2). Somit wird wie bei jedem Leitmedienwechsel auch beim aktuellen digitalen Leitmedienwechsel die Kommunikationskompetenz wichtiger. Dabei machen die zunehmende Informationsflut, die komplexeren Probleme, der beschleunigte Wandel und die internationale Zusammenarbeit die Kommunikation noch einmal bedeutsamer und anspruchsvoller. Unterschiedlichste Perspektiven müssen vermittelt, verstanden und ausgehandelt werden. Bei der Darstellung der eigenen Ergebnisse und Meinungen nimmt überdies die Präsentationskompetenz an Bedeutung zu. Angesichts der Informationsflut ist es immer schwieriger, die Aufmerksamkeit auf die eigene Botschaft zu lenken und diese zielgruppengerecht aufzubereiten oder emotional mittels *storytelling* ☞ w2074 spannend zu vermitteln. Diese Bedeutungszunahme von Präsentationskompetenz betrifft nicht nur klassische

Wissensarbeiter, welche die immateriellen Ergebnisse ihrer Arbeit erklären oder verkaufen müssen. Wenn aufgrund des Leitmedienwechsels und der Globalisierung die Konkurrenz zunimmt, wird es auch für Anbieter von physischen Gütern relevanter, die eigenen Angebote und Vorteile gut präsentieren zu können. Auch in Dienstleistungsbranchen wie dem Tourismus oder der Gastronomie wollen Erlebnisse präsentiert und verkauft werden.

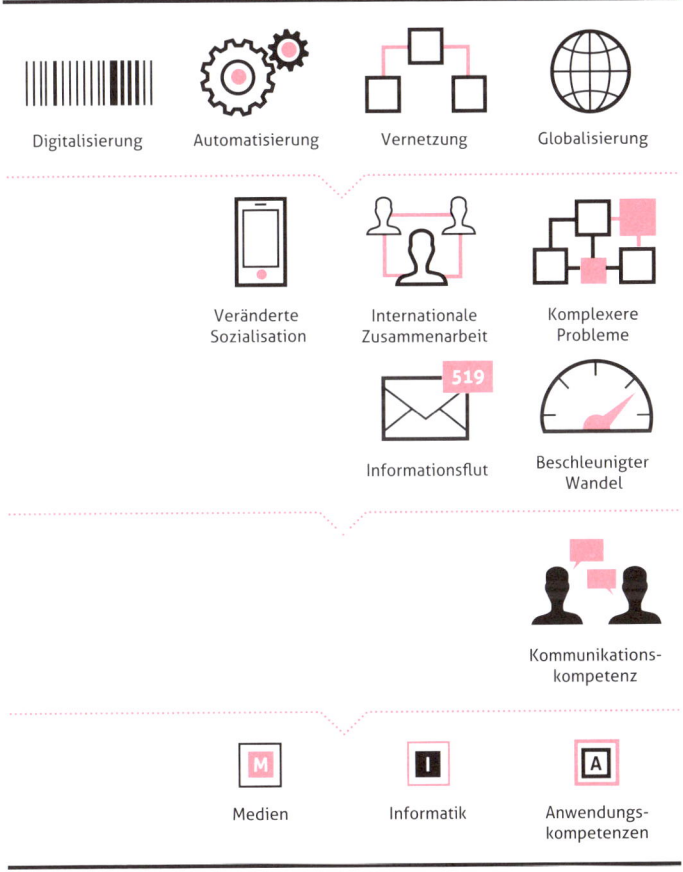

Abbildung 3.7: *Kommunikationskompetenz wird in der globalisierten Informationsgesellschaft wichtiger und anspruchsvoller*

Durch den aktuellen Leitmedienwechsel verliert die rein textuelle Informationsvermittlung in Form von gesprochener oder geschriebener Sprache an Bedeutung. Dafür werden visuelle oder multimediale Darstellungen wichtiger. In einer multimedialen Welt gehört es zur Allgemeinbildung, nicht nur die Gesetzmäßigkeiten von geschriebenen Texten, sondern auch von Tönen, Bildern und Filmen zu kennen und nutzen zu können.

Spätestens mit dieser Forderung nach Multimedia-Literalität befinden wir uns an der Grenze der bisher beschriebenen, wichtiger werdenden allgemeinen Kompetenzen aufgrund des Leitmedienwechsels und der spezifischen digitalen Kompetenzen. Diese stellt auch die Grenze zwischen dem ersten und zweiten Teil dieses Buches dar. Bisher ging es um den Leitmedienwechsel und seine Konsequenzen für die Schule im Allgemeinen. Digitale Medien in der Schule waren kein Thema. Dies folgt nun im zweiten Teil des Buches. Im fünften Kapitel wird erklärt, warum digitale Medien in die Schule gehören, sowohl als Thema als auch als Werkzeug. Kapitel sechs nimmt sich der Frage an, welche Aspekte digitaler Medien Teil des allgemeinbildenden Unterrichts sein sollen. Im siebten Kapitel wird schließlich begründet, warum ein Grundverständnis der automatisierten Datenverarbeitung, also ein Grundverständnis von Informatik, für die Allgemeinbildung in der Informationsgesellschaft relevant ist.

Wie hat das alles Platz?

Doch bevor es um digitale Kompetenzen geht, muss noch eine wichtige Frage beantwortet werden: Schülerinnen und Schüler müssen bereits heute viel lernen, der Stundenplan ist dicht gedrängt. Wann soll das in diesem Buch Geforderte unterrichtet werden? Das ist eine berechtigte, aber keineswegs neue Frage. Bereits seit langem gibt es mehr zu lernen, als in der Schule Zeit dafür ist. Deshalb besteht eine der Aufgaben der Schule darin, auszuwählen und zu verwesentlichen – eine Fähigkeit, die in diesem Kapitel von Schülerinnen und Schülern gefordert wird. Das hat die Schule bisher auch erfolgreich getan. So lernte man früher noch, ohne elektronische Hilfe die Wurzel einer Zahl zu berechnen. Mit dem Aufkommen des Taschenrechners wurde dies aus den Lehrplänen gestrichen, eine Generation später wird auch das halbschriftliche Dividieren zwar noch erklärt, aber nicht mehr intensiv geübt. Mit dem digitalen Leitmedienwechsel muss die Schule einmal mehr gewisse Inhalte aus dem Lehrplan streichen.

Fazit

Eine zeitgemäße Schule muss sich an den großen Veränderungen der Welt orientieren und ihre Inhalte und Methoden entsprechend anpassen. Am Bisherigen unhinterfragt festhalten wird auf die Dauer nicht funktionieren. Im Falle der Digitalisierung bedeutet dies paradoxerweise sowohl eine Stärkung des Nichtdigitalen als auch der digitalen Kompetenzen.

Kernaussagen

> Kinder und Jugendliche werden heute anders sozialisiert als früher.

> Die Schule verliert zunehmend ihr früheres Informationsmonopol.

> Digitalisierung und der sich daraus ergebende Leitmedienwechsel verändern die Anforderungen an die Allgemeinbildung weit über die Bedienung digitaler Geräte hinaus.

> Wenn der Computer das Automatisierbare übernimmt, so muss sich der Mensch auf das Nichtautomatisierbare konzentrieren.

> Soft Skills wie Kreativität, Teamfähigkeit und Sozialkompetenz werden in einer digitalen Gesellschaft wichtiger.

> Filtern statt Sammeln: Sowohl Schülerinnen und Schüler als auch die Schule müssen aufgrund der Informationsflut vermehrt filtern und auswählen lernen.

> Fragen stellen statt nur Antworten geben: Schülerinnen und Schüler müssen vermehrt Informationen auf Relevanz und Glaubwürdigkeit hin prüfen können.

> Aufgrund der zunehmenden Komplexität wird systemisches Denken in Modellen wichtiger.

> Aufgrund des rascheren Wandels gewinnt das lebenslange Lernen an Bedeutung.

> Schülerinnen und Schüler müssen besser präsentieren und kommunizieren können.

> Wenn digitale Kompetenzen zur Allgemeinbildung gehören, dann müssen gewisse Prüfungen auch unter Zuhilfenahme digitaler Medien stattfinden. Daneben gibt es aber weiterhin Kompetenzen, die aus Effizienzgründen ohne jegliche Hilfsmittel beherrscht werden müssen (zum Beispiel das Einmaleins).

Weiterführende Literatur

> Werner Hartmann und Alois Hundertpfund (2015): *Digitale Kompetenz* ☞ **b6006**

> Institute for the Future (2011): *Future World Skills* ☞ **b5775**

> Heidi Schelhowe et al. (2009): *Kompetenzen in einer digital geprägten Kultur* ☞ **t9633**

> Heidi Schelhowe (2007): *Technologie, Imagination und Lernen* ☞ **b3147**

> Henry Jenkins et al. (2006): *Confronting the Challenges of Participatory Culture* ☞ **b3897**

Alle zitierten Quellen dieses Kapitels finden Sie unter ☞ **t16003**.

4

WARUM GEHÖRT DAS DIGITALE IN DIE SCHULE?

Ging es im ersten Teil dieses Buches um die Frage, welche allgemeinen Auswirkungen der Leitmedienwechsel vom Buch zum vernetzten Computer für das System Schule hat, so steht nun die Frage im Zentrum, welche Rolle das Digitale in der Schule spielen soll – sei es als Thema im Unterricht oder als Werkzeug sowohl der Lehrkraft als auch der Schülerinnen und Schüler. Das vorliegende Kapitel präsentiert vier grundlegende Argumente, warum das Digitale sowohl als Thema als auch als Werkzeug in die Schule gehört. Gründe *gegen* digitale Medien in der Schule werden im Kapitel 7 und im Anhang B genannt.

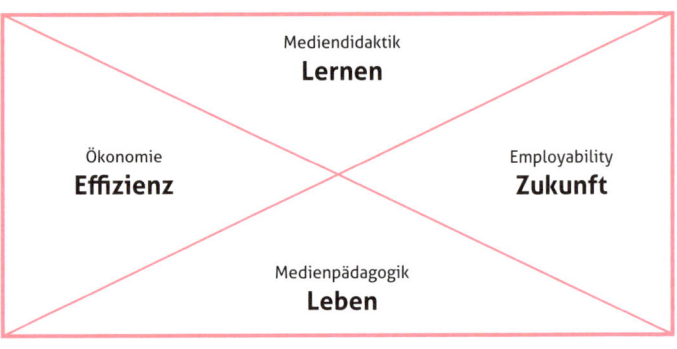

Abbildung 4.1: *Übersicht der Argumente für digitale Medien in der Schule*

Das vermutlich älteste, aber auch umstrittenste Argument für digitale Medien in der Schule ist das Lernargument:

> › **Lernargument:**
> Die Nutzung digitaler Medien kann das Lernen fördern. ☞ **a569**

Digitalen Medien werden zahlreiche, sich teilweise auch überlappende Lernpotenziale zugeschrieben:

> **Erhöhung der Werkzeug- und Methodenvielfalt:** Digitale Medien bieten zusätzliche Möglichkeiten, um den Unterricht abwechslungsreich zu gestalten, sei dies bei der Recherche, Verarbeitung oder Präsentation von Informationen. Inhalte können somit auf unterschiedlichere Arten vermittelt werden. Methodenvielfalt gilt als ein Merkmal guten Unterrichts ☞ a711.

> **Erweiterte, multimediale Kommunikations-, Kollaborations- und Publikationsmöglichkeiten:** Digitale Medien erweitern die Palette an textuellen, auditiven und audiovisuellen Kommunikations- und Publikationsmöglichkeiten innerhalb der Klasse und über sie hinaus. Schülerinnen und Schüler können mit digitalen Medien allein oder gemeinsam Inhalte erarbeiten, gegenseitig beurteilen und überarbeiten, Ergebnisse öffentlich publizieren oder Expertinnen und Experten außerhalb der Schule befragen. Da Lernen sehr oft ein kommunikativer Prozess ist, können didaktisch geschickt genutzte digitale Kommunikationsmöglichkeiten das Lernen unterstützen.

> **Veranschaulichung mit Multimedia:** Bereits vor der Verfügbarkeit digitaler Medien galt der Spruch »Ein Bild sagt mehr als tausend Worte«. Computer und Internet haben die Nutzung von Bildern, Tönen und Filmen im Unterricht massiv vereinfacht. Bei Beachtung bekannter Gestaltungsprinzipien von Multimedia kann der Einsatz multimedialer Elemente stark lernförderlich sein. Die Digitalisierung hat jedoch nicht nur den Konsum von Multimedia vereinfacht, sondern auch dessen Produktion. Im Sinne der Erhöhung der Methodenvielfalt können Schülerinnen und Schüler zu Lernzwecken selbst multimediale Produkte herstellen.

> **Motivationsförderung:** Aus vielen ICT-Projekten ist bekannt, dass Schülerinnen und Schüler die neuen Möglichkeiten digitaler Medien sehr gerne nutzen und sich dadurch motivieren lassen ☞ a433. Ebenfalls bekannt ist jedoch, dass diese Motivation nicht lange andauert ☞ a434. Die Freude an den rein technischen Möglichkeiten flacht erfahrungsgemäß relativ rasch ab. Mit geschicktem, insbesondere vielfältigem Medieneinsatz lassen sich Schülerinnen und Schüler aber auch längerfristig aktivieren.

> **Unmittelbare Rückmeldungen:** Bei Übungen, die eine begrenzte Anzahl richtiger Antworten zulassen, können Lernprogramme eine sofortige Rückmeldung zu den Aktivitäten von Schülerinnen und Schülern geben ☞ a457. Abgesehen davon, dass solche automatisierten Rückmeldungen die Lehrkraft entlasten, ermöglichen sie Schülerinnen und Schülern eine zeitnahe Reaktion auf die Rückmeldung. Sie erfahren gleich nach dem Lösen einer Aufgabe, ob ihre Überlegungen richtig oder falsch waren, und können so ihre nächste Aktivität davon abhängig machen: Geht es weiter zur nächstschwierigeren Aufgabe oder muss das aktuelle Thema wiederholt werden?

> **Sanktionsfreie Rückmeldungen:** Erfahrungen haben gezeigt, dass Schülerinnen und Schüler besser reagieren, wenn ihnen der Computer und nicht die Lehrerin oder der Lehrer mitteilt, dass sie eine Aufgabe bereits mehrfach falsch gelöst haben ☞ a458. Der Computer ist nicht nachtragend, die Schülerinnen und Schüler haben so – anders als bei der Lehrkraft – nicht das Gefühl, aufgrund ihrer Leistung nicht gemocht zu werden. Dieses »ungestraft Fehler machen dürfen« ist jedoch bereits wieder in Gefahr. Unter dem Schlagwort *learning analytics* ☞ w2319 wird versucht, die massiv steigende Zahl an digital verfügbaren Übungsergebnissen – Stichwort *big data* ☞ w2425 – statistisch auszuwerten und auch zu visualisieren. Zwar ist es weiterhin der Computer, der die Aufgaben korrigiert, die Ergebnisse werden jedoch gespeichert und können letztlich doch von der Lehrkraft eingesehen werden.

> **Adaptivität:** Adaptive Lernprogramme sind so etwas wie der »Heilige Gral« des digitalen Lernens ☞ w1497. Seit den ersten Entwicklungen gehen die Bestrebungen dahin, dass intelligente Programme aufgrund von bisherigen Arbeitsergebnissen den Schülerinnen und Schülern den jeweils nächsten sinnvollen Lernschritt vorschlagen. Dadurch könnte die Effizienz gesteigert werden, da die Lernenden stets ihrem individuellen Niveau angepasste Aufgaben präsentiert bekämen. Die bisherige Erfahrung hat jedoch gezeigt, dass die Analyse des Lernfortschritts sehr schwierig und die Erstellung adaptiver Lernprogramme sehr aufwendig ist. Deshalb konnten sie sich bisher nicht im großen Stil etablieren – durch *learning analytics* sind die Hoffnungen in letzter Zeit jedoch wieder größer geworden. Adaptivität hat jedoch nicht nur positive Auswirkungen. Computerspielhersteller verfügen vermutlich über die größte Erfahrung im Bereich der Adaptivität. Sie tun alles, um Spieler bei der Stange zu halten und ihnen immer neue Herausforderungen zu bieten, die sie gerade noch meistern können.

Computerspiele sind gleichzeitig auch der Softwaretyp, der am häufigsten mit Sucht in Verbindung gebracht wird. Positiv formuliert bedeutet Sucht Motivation. Wäre es nicht erstrebenswert, das in Computerspielen steckende Sucht- oder eben Motivationspotenzial für Lehr- und Lernzwecke zu nutzen? Derzeit wird dies unter dem Schlagwort *gamification* ☞ w2260 intensiv versucht. Interaktive digitale Lehrmittel lassen sich auch in Form eines Computerspiels gestalten, bei dem Lernende dann weiterkommen, wenn sie die definierten Kompetenzen erworben und im Spiel gezeigt angewendet haben. Auch zu diesem Ansatz sind warnende Stimmen zu vernehmen: Computerspiele würden genau dann aufhören, motivierend zu sein, wenn es um Schule gehe; und zum Lernen gehöre auch das Durchbeißen ohne direkte (Spiel-)Motivation. Trotz derartiger Bedenken ruhen aktuell große Erwartungen auf dieser Entwicklung.

> **Individuelles Lerntempo:** Unmittelbare Rückmeldungen oder gar Adaptivität erleichtern es Schülerinnen und Schülern, in ihrem eigenen Lerntempo zu lernen ☞ a427. Dieses Lerntempo bezieht sich nicht nur auf Übungsaufgaben. Mit digitalen Geräten können Schülerinnen und Schüler auch Videos und Tondokumente individuell in ihrem eigenen Tempo abspielen und bei Bedarf anhalten oder erneut starten. Bezüglich Heterogenität sind Adaptivität und individuelles Lerntempo zweischneidige Schwerter. Zwar erlauben sie, besser auf die bereits vorhandenen Voraussetzungen der Lernenden einzugehen, doch letztlich profitieren die besseren Schülerinnen und Schüler stärker davon als die schwächeren, sodass sich die Heterogenität verstärken kann.

> **Interaktive Simulation:** Digitale Simulationen ermöglichen das aktive Entdecken mehr oder weniger komplexer Systeme. Gegenüber realen Experimenten haben Simulationen den Vorteil, dass sie beliebig oft und ohne Materialverbrauch reproduzierbar sind und nie misslingen. Ihr Einsatz ist vor allem dann sinnvoll, wenn ein reales Experiment in der Schule nicht möglich ist, weil es zu teuer, zu aufwendig oder zu gefährlich wäre.

> **Aktuelle Lerninhalte und Beispiele:** Digitale Medien erleichtern das Aufgreifen aktueller Ereignisse im Unterricht. So lassen sich gegenwärtige Geschehnisse zur Erklärung geschichtlicher oder wirtschaftlicher Phänomene nutzen oder tagesaktuelle Zeitungs- und Fernsehbeiträge können im Sprachunterricht verwendet werden.

Seit mehr als 40 Jahren wird über die Frage gestritten, ob digitale Medien tatsächlich lernförderlich sind. Einige Studien können einen didaktischen Mehrwert digitaler Medien nachweisen, andere zeigen aber auch, dass die Leistungen beim Einsatz von digitalen Medien sinken. Bei vielen ist schließlich kein nennenswerter Unterschied nachweisbar. Dieser Effekt verstärkt sich, wenn in Metastudien die Ergebnisse ähnlicher Studien zusammengefasst werden. Thomas L. Russell überschrieb deshalb seine aus 355 Studien bestehende Metastudie mit dem Titel *The no significant difference phenomenon* ☞ b4319, einem Begriff, der bis heute die Diskussion über den didaktischen Mehrwert digitaler Medien prägt.

Die in Fachkreisen allgemein akzeptierte Schlussfolgerung aus dieser Diskussion lautet, dass die Frage »Was bringen digitale Medien?« ☞ f88 in dieser allgemeinen Form falsch gestellt ist, beziehungsweise dazu keine pauschale Antwort möglich ist. Es sind nicht (digitale oder analoge) Medien per se, die einen didaktischen Mehrwert bieten, sondern die geschickte Kombination aus Unterrichtsmethode, Inhalt und Medien. Auch die Wandtafel führt nicht automatisch zu besserem Unterricht. Es sind gut ausgebildete Lehrerinnen und Lehrer, die wissen, wann und wie Medien lernförderlich eingesetzt werden können.

Wer sich vertiefter mit der Diskussion um das *no significant difference phenomenon* ☞ w2844 auseinandersetzen will, sei auf den auch heute noch lesenswerten Text *Im Land der Null-Hypothesen* ☞ t257 von Rolf Schulmeister verwiesen. Er beschäftigt sich darin sowohl mit den inhaltlichen Aspekten der Frage als auch mit der Problematik von Metastudien in diesem Bereich. Schulmeisters Kritik an Metastudien trifft auch auf die 2009 erschienene und unterdessen bereits zahlreich zitierte Meta-Meta-Studie *Visible Learning* ☞ b4477 von John Hattie zu.

Für die Schulpraxis dürfte angesichts des weiterhin raschen technologischen Wandels und im Hinblick auf den didaktischen Mehrwert digitaler Medien das Zitat von Nicholas Negroponte relevant sein, der 1995 zur Mensch-Maschine-Interface-Forschung meinte: »Wenn wir sorgfältig nachmessen müssen, um überhaupt einen Unterschied entdecken zu können, beschäftigen wir uns vielleicht gerade mit Problemen, die im Grunde völlig unwichtig sind.« ☞ b99 Es gilt nicht primär wissenschaftliche Untersuchungen zum didaktischen Mehrwert abzuwarten, sondern auf das Urteil von Lehrerinnen und Lehrern zu setzen, welche die neuen Möglichkeiten digitaler Medien im eigenen Unterricht bereits ausprobiert haben.

Das Lernargument stellt nicht die einzige Begründung für digitale Medien in der Schule dar. Mindestens ebenso wichtig wie der potenzielle didaktische Mehrwert digitaler Medien in der Schule ist das sogenannte Lebensweltargument:

> **Lebensweltargument:**
> Digitales gehört in die Schule, weil es die Alltagsrealität der Schülerinnen und Schüler prägt. ☞ **a570**

Es war schon immer Aufgabe der Schule, Schülerinnen und Schüler auf die aktuelle und zukünftige Lebenswelt vorzubereiten. Durch den Leitmedienwechsel ist dieses Leben nun geprägt von digitalen Medien. Bereits vor Schuleintritt begegnen und nutzen Kinder zahlreiche Medien, zunehmend in digitaler Form. Die Bildung der eigenen Persönlichkeit und der kulturellen Identität sowie der Erwerb personaler und sozialer Kompetenzen geschehen heute immer stärker auch in Auseinandersetzung mit digitalen Medien. Eine Schule, die sich an der Lebenswelt ihrer Schülerinnen und Schüler orientiert und deren Erfahrungen nutzen will, muss diesen vor- und außerschulischen Mediengebrauch als Ressource und Erfahrungsfeld nutzen und Kinder und Jugendliche zu einer vertieften Reflexion dieser Erfahrungen und Fähigkeiten führen. Ein Verständnis der zugrunde liegenden Technologien und Konzepte ist dabei nicht nur Voraussetzung für diese Auseinandersetzung, sondern ermöglicht auch das Verstehen und Mitgestalten zukünftiger Entwicklungen.

Seit Jahren hält sich das von Marc Prensky geprägte Schlagwort der Digital Native ☞ **w1839**, der jungen Menschen, die mit digitalen Medien aufgewachsen sind und dementsprechend kompetent in Nutzung und Umgang derselben seien. Daraus wird oft abgeleitet, die Schule müsse diesbezüglich gar nichts mehr vermitteln ☞ **a409**. Im Gegenteil, die nachfolgende Generation sei kompetenter als ihre Lehrkräfte. Diese Digital-Native-

Argumentation ist in verschiedener Hinsicht nicht zutreffend: Viele Expertinnen und Experten, besonders ausführlich Rolf Schulmeister im Text *Gibt es eine Net Generation?* ☞ b3358, haben darauf hingewiesen, dass es sich um ein zu stark vereinfachtes Generationenmodell handelt. Weder ist klar, wo die Grenzen dieser Generationen liegen sollen, noch trifft es zu, dass alle gleich alten Menschen die gleiche Medienkompetenz aufweisen. Zudem mögen viele junge Menschen den oberflächlichen Umgang mit digitalen Medien beherrschen, verstehen aber die dahinter liegenden technischen und ökonomischen Gesetzmäßigkeiten nicht, sodass eher von *digital naïves* ☞ w2038 gesprochen werden müsste – was aber genauso zu vereinfachend wäre.

Das dritte Argument für digitale Medien in der Schule blickt in die schulische und berufliche Zukunft von Schülerinnen und Schülern:

> **Zukunftsargument**:
> Digitale Kompetenzen sind heute eine notwendige Kulturtechnik.
> ☞ a568

Digitale Medien werden nicht so rasch wieder verschwinden. Obwohl ihre Handhabung immer einfacher wird, führt die technische Entwicklung dazu, dass trotzdem immer mehr Wissen über das Funktionieren des Digitalen notwendig ist, um sich in Schule, Beruf und Gesellschaft kompetent bewegen zu können. Diese digitalen Kompetenzen sind nicht erst nach Studien- oder Berufsabschluss notwendig. Genau wie bei sprachlichen oder mathematischen Kompetenzen setzt jede Ausbildungsstufe bereits gewisse digitale Kompetenzen voraus, die somit auf der nächsttieferen Ausbildungsstufe erworben werden sollten. Im Sinne eines Spiralcurriculums gilt es daher, diese altersgerecht auf allen Schulstufen aufzubauen.

Das vierte und letzte Argument für digitale Medien in der Schule passt nicht so recht zu den drei vorangehenden. Während die bisherigen Argumente jeweils das Wohl von Schülerinnen und Schülern im Blick hatten, zielt das Effizienzargument auf die Institution Schule:

> **Effizienzargument:**
> Mit digitalen Medien lassen sich gewisse Abläufe in der Schule
> effizienter gestalten. ☞ **a718**

Damit sind nicht didaktische Mehrwerte beim Lernen gemeint,
denn die fallen unter das bereits beschriebene Lernargument.
Beim Effizienzargument geht es um administrative und organisatorische Aspekte, die für sich genommen das Lernen nicht verbessern, aber vielleicht Zeit und Raum für Lernprozesse schaffen.
Am offensichtlichsten ist dies beim Unterrichtsmaterial, das Lehrerinnen und Lehrer selbst erstellen. Digitales Unterrichtsmaterial lässt sich leichter überarbeiten und austauschen. Damit
dürfte sich die Aktualität und Qualität dieses Materials erhöhen.
Dies gilt auch für Arbeitsergebnisse von Schülerinnen und Schülern. Liegen diese in digitaler Form vor, so lassen sie sich meist
leichter austauschen, gegenlesen und überarbeiten. Sind Schülerinnen und Schüler außerhalb der Schule digital erreichbar, so
lassen sie sich rascher über Stundenplanänderungen und Ähnli-
ches informieren.

Gewisse Effizienzgewinne sind einfach und unscheinbar:
Verfügen alle Schülerinnen und Schüler über ein persönliches
digitales Gerät, so haben alle stets einen Taschenrechner, eine
Stoppuhr und eine Kamera dabei – Dinge, um die sich die Lehrkraft nicht mehr kümmern muss. Das klingt nach wenig, Erfahrungen aus der Praxis zeigen jedoch, dass sich diese kleinen Effizienzgewinne in einer solchen Eins-zu-eins-Umgebung insgesamt lohnen. Nimmt man die intensive Nutzung der Lernzeit als
Merkmal guten Unterrichts ☞ a709, so sind letztlich solche
Effizienzgewinne lernförderlich. Das Effizienzargument über-
schneidet sich daher teilweise mit dem Lernargument. Bereits
Alltag und breit akzeptiert ist die Nutzung digitaler Medien in
der Schule für administrative Abläufe wie Noten- und Abwesen-
heitsverwaltung.

Fazit

Schülerinnen und Schüler sollen mit didaktisch sinnvollen und effizienten Mitteln sowie mit Beispielen aus ihrer Lebenswelt auf die berufliche und gesellschaftliche Zukunft vorbereitet werden. Ohne digitale Medien sowohl als Thema als auch als Werkzeug ist dies heute nicht mehr möglich.

Kernaussagen

> **Lernargument:** Die Nutzung digitaler Medien kann das Lernen fördern. ☞ **a569**

> **Lebensweltargument:** Digitales gehört in die Schule, weil es die Alltagsrealität der Schülerinnen und Schüler prägt. ☞ **a570**

> **Zukunftsargument:** Je länger digitale Kompetenzen währen, desto mehr sind sie eine notwendige Kulturtechnik. ☞ **a568**

> **Effizienzargument:** Mit digitalen Medien lassen sich gewisse Abläufe in der Schule effizienter gestalten. ☞ **a718**

Weiterführende Literatur

> Dominik Petko (2014): *Einführung in die Mediendidaktik* ☞ **b5400**

> Ruth Colvin Clark und Richard E. Mayer (2011): *E-Learning and the Science of Instruction* ☞ **b2601**

> Henry Jenkins et al. (2009): *Confronting the Challenges of Participatory Culture* ☞ **b3897**

> Heidi Schelhowe et al. (2009): *Kompetenzen in einer digital geprägten Kultur* ☞ **t9633**

> Iwan Schrackmann et al. (2008): *Computer und Internet in der Primarschule* ☞ **b3271**
> *www.ictip.ch*

> Rolf Schulmeister (2007): *Grundlagen hypermedialer Lernsysteme* ☞ **b225**

> Stephan Brülhart, Beat Döbeli Honegger, Stanley Schwab (2005): *ICT-Kompass* ☞ **t5700**
> *www.ict-kompass.ch*

Alle zitierten Quellen dieses Kapitels finden Sie unter ☞ **t16004**.

5

WELCHE ASPEKTE DES DIGITALEN SIND FÜR DIE ALLGEMEIN-BILDUNG RELEVANT?

Digitale Medien können auf drei Arten in der Schule vorkommen: als Werkzeug, als Thema und als Ablenkung (vgl. Abbildung 5.1). Wenn Schülerinnen und Schüler beispielsweise Vorträge zur Industrialisierung oder zum Leben im Wald vorbereiten, dann verwenden sie zahlreiche digitale Werkzeuge zum Recherchieren, Zusammenstellen und Präsentieren ihrer Ergebnisse. Idealerweise beanspruchen diese Werkzeuge dann keine Aufmerksamkeit. Sie bleiben als Hilfsmittel im Hintergrund, während sich die Lernenden mit dem Thema Industrialisierung beschäftigen. Doch so einfach ist es in der Schulrealität meist nicht. Wie bei allen Werkzeugen muss ihre Nutzung irgendwann erlernt werden. Und bei digitalen Werkzeugen müssen Schülerinnen und Schüler lernen, sich nicht allzu stark von den außerschulischen Verlockungen der digitalen Werkzeuge ablenken zu lassen. Werkzeuggebrauch und Kontrolle des Ablenkungspotenzials sind zwei Gründe, warum digitale Medien in der Schule nicht nur als Werkzeug genutzt, sondern auch zum Thema gemacht werden müssen. Schülerinnen und Schüler benötigen digitale Kompetenzen. Welche das sind, ist Thema dieses Kapitels.

Abbildung 5.1: *Digitale Medien in der Schule: Werkzeug, Thema und Ablenkung*

Digitale Kompetenzen: Das Digitale verstehen und nutzen können

Am offensichtlichsten und auch weitgehend unbestritten ist, dass Schülerinnen und Schüler digitale Werkzeuge effizient und mündig verwenden können sollten. Diese Forderung wird seit Jahrzehnten gestellt und hat tausend Namen: *Medienkunde, informationstechnische Grundbildung (ITG), Informatik, Medienbildung,*

Anwendungskenntnisse, informatische Bildung, Medienkompetenz, Informationskompetenz sind nur einige deutschsprachige Bezeichnungen der letzten Jahre. Die entsprechenden Begriffsstreitigkeiten in Fachkreisen verleitet die Bildungspolitik oft zu dem fatalen Schluss, dass das Thema noch nicht reif für die allgemeinbildende Schule sei, denn schließlich herrsche nicht einmal bei den Begriffen Einigkeit. Es scheint deshalb zielführender, die Themenbereiche grob zu umreißen, ohne sie gleich zu etikettieren. Digitale Kompetenzen lassen sich in folgende Bereiche unterteilen ☞ t14683 :

A Schülerinnen und Schüler nutzen digitale Medien in allen Bereichen des Lebens effektiv und effizient.

B Schülerinnen und Schüler produzieren digitale Inhalte und reflektieren die Nutzung, Bedeutung und Wirkung von Medien.

C Schülerinnen und Schüler verstehen Grundkonzepte der Wissenschaft »Informatik« und können diese zur Problemlösung in allen Lebensbereichen und zum Verständnis der Informationsgesellschaft nutzen.

Dazu ein konkretes Beispiel: Wenn Schülerinnen und Schüler die Themen »Industrialisierung« oder »Das Leben im Wald« erarbeiten, so werden sie unter anderem Suchmaschinen verwenden. Dazu müssen sie etwas zu deren effizienter Nutzung wissen (A) und entscheiden, ob sie den gefundenen Informationen trauen können (B). Sowohl für die effiziente Nutzung als auch für das Verständnis ihrer Lebenswelt ist ein Grundverständnis der Funktionsweise von Suchmaschinen notwendig (C). Die Ergebnisse ihrer Recherchen können die Schülerinnen und Schüler zum Beispiel in einer Präsentation oder einem Klassen-Blog präsentieren. Dazu müssen sie wiederum die entsprechenden Werkzeuge kennen (A), sich Gedanken zur wirkungsvollen Darstellung machen (B) und wissen, ob sie Bilder und Texte in einem Klassenvortrag oder einem öffentlichen Blog verwenden dürfen (B). Werden die gefundenen Bilder beim Vergrößern verpixelt oder ist die Präsentation zu groß für das Versenden per E-Mail, sollten die Schülerinnen und Schüler etwas über digitale Bildformate lernen (C).

Das Beispiel zeigt, dass sich die drei Bereiche oft überlappen und es im Unterricht sinnvoll ist, viele Aspekte an konkreten Anwendungsbeispielen einzuführen und zu üben. Damit zeigt sich exemplarisch das Dilemma zwischen den Leitmedienwechsel-Reaktionen »Integration in alle Fächer« ☞ a1181 und »Es braucht ein eigenes Fach« ☞ a1182 aus Kapitel 2. Für bildungspolitische und curriculare Überlegungen ist es notwendig, die Bereiche auseinanderzuhalten, insbesondere in den unteren Schulstufen werden die drei Aspekte im konkreten Unterricht jedoch sinnvollerweise kombiniert.

Selbstverständlich wird eine Lehrkraft das Thema »Leben im Wald« übrigens nicht ausschließlich mit digitalen Medien bearbeiten. Die Klasse wird einen Wald besuchen und erforschen, vielleicht mit Digitalkameras Tierspuren fotografieren und wenn möglich mit einem Förster sprechen. Digitale Medien sollen keinesfalls Naturerlebnisse und haptische Erfahrungen ersetzen. Ein guter Unterricht versucht, die Potenziale beider Seiten zu verbinden. Denn so leise eine Schulklasse sich auch im Wald bewegen wird: Die Chance eine Fuchsfamilie oder gar ein Wildschwein in natura zu sehen, ist doch eher gering. Bereits vor der Digitalisierung hat man dazu auf entsprechende Tierfilme zurückgegriffen.

Die drei Bereiche – im deutschsprachigen Raum aktuell übrigens meist Anwendungskompetenzen (A), Medienbildung (B) und Informatik (C) genannt – ergänzen sich gegenseitig:

> Ohne konkrete Anwendungskenntnisse lässt sich weder effizient Informatik vermitteln noch Medienbildung betreiben.

> Medienbildung liefert sowohl für Anwendungskenntnisse als auch für Informatik die notwendige Reflexionsebene.

> Informatik liefert das für Anwendungskenntnisse und Medienbildung notwendige Grundlagenwissen.

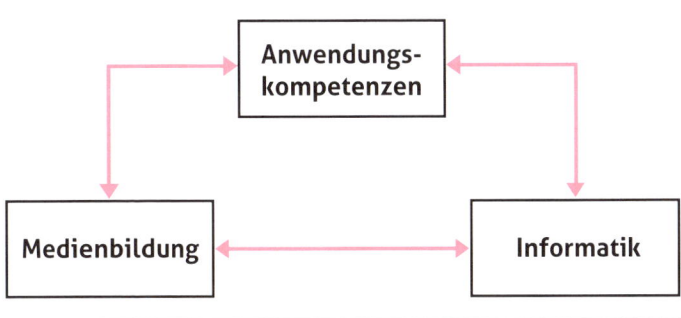

Abbildung 5.2: *Drei Bereiche der digitalen Kompetenzen, die sich gegenseitig ergänzen*

Anwendungskompetenzen

Eine große Schwierigkeit bei der Vermittlung von Anwendungskompetenzen ist der rasche Wandel der Hard- und Software. Bis Schülerinnen und Schüler die Schule verlassen, ist die aktuell verwendete IT-Infrastruktur veraltet und durch eine neue ersetzt worden. Lohnt es sich somit gar nicht, Anwendungskenntnisse zu vermitteln, da diese extrem rasch veralten a296?

   Diese Frage ist nur dann mit »Ja« zu beantworten, wenn den Schülerinnen und Schülern ausschließlich kurzlebiges Produktwissen w858 vermittelt wird, also das Wissen darüber, wo bei einem bestimmten Produkt welche Funktion verfügbar ist. Doch die grundlegenden Prinzipien von Hard- und Software sind nicht so schnelllebig, wie meist angenommen wird. Grundlegende Konzepte eines Textverarbeitungsprogramms, beispielsweise der Aufbau eines Dokuments aus Zeichen, Absätzen und Abschnitten, ist seit über vierzig Jahren gleich geblieben. Auch Formatvorlagen zur einheitlichen Gestaltung von Dokumenten wurden vor Jahrzehnten erfunden und sind nicht nur in allen Textverarbeitungs-, sondern auch in Tabellenkalkulations- und Präsentationsprogrammen verfügbar. Bei der Vermittlung von Anwendungskompetenzen muss also darauf geachtet werden, dass auch Konzeptwissen w859 geschult wird. Dies bedingt, dass Lehrerinnen und Lehrer über Selbiges verfügen und im Unterricht eine ausgewogene Mischung aus Produkt- und Konzeptwissen vermitteln können. Die Schule sollte sich davon lösen, die perfekte Beherrschung bestimmter Softwareversionen schulen zu wollen. Stattdessen wird es zunehmend wichtiger, dank des eigenen Konzeptwissens und mithilfe des Internets Anwendungsprobleme selbst lösen zu können.

Medienbildung

Wenn digitale Medien zunehmend unser Denken und Handeln prägen, so wird es auch wichtiger, dass Kinder und Jugendliche Medien nicht nur effizient, sondern auch kritisch und mündig nutzen können. Dies bedingt, dass sie sich Gedanken zu den Funktionen und Auswirkungen von Medien machen – und zwar sowohl auf persönlicher als auch gesellschaftlicher Ebene.

Hierbei geht es einerseits um juristische und ethische Aspekte der Mediennutzung, d.h. um Themen wie Datenschutz, Urheberrechtsschutz und Jugendmedienschutz – oder konkret um Dinge wie Privatsphäre, Recht am eigenen Bild, Cybermobbing und Sexting. Das Gegenüberstellen von Digital Natives und Digital Immigrants ist diesbezüglich nicht besonders hilfreich. Gerade weil diese Themen durch den Leitmedienwechsel im Wandel sind, ist ein Dialog zwischen allen Beteiligten notwendig. So haben sich beispielsweise die Vorstellungen, wen man zu welcher Uhrzeit mit welchem Kommunikationsmedium kontaktieren darf, in den letzten Jahren stark verändert. Auf den Schulbetrieb bezogen ist es deshalb sinnvoller, mit Schülerinnen und Schülern die Regeln der Mediennutzung auf dem Schulgelände und im Unterricht zu diskutieren, als ihnen diese fix vorzugeben. Es ist die beste Gelegenheit, Themen der Medienbildung am konkreten Lebensalltag von Schülerinnen und Schülern zu besprechen. Zudem zeigen die Erfahrungen, dass Kinder und Jugendliche sehr oft streng mit sich sind und die Regeln auch besser einhalten, wenn sie diese selbst aufstellen durften.

Gerade diese Nutzungsregeln machen deutlich, dass es neben juristischen und ethischen Aspekten auch darum geht, »trotz« digitaler Medien zu lernen. Schülerinnen und Schüler wie auch Erwachsene müssen fähig sein, ihr eigenes Nutzungsverhalten zu steuern, um nicht allzu stark dem Ablenkungspotenzial digitaler Medien zu erliegen. Ein Verbot digitaler Medien in der Schule zur Verhinderung dieses Ablenkungspotenzials ist dabei nicht zielführend. Mit dem Ausschluss der digitalen Medien vergibt sich die Schule auch die lernförderlichen Potenziale und nimmt Schülerinnen und Schülern die Gelegenheit, den kontrollierten Umgang mit Potenzialen und Verlockungen digitaler Medien zu erlernen und zu üben.

Neben diesen ganz konkreten Aspekten der persönlichen Nutzung digitaler Medien geht es im Bereich der Medienbildung auch um gesellschaftliche Fragen, die in einer immer stärker mediatisierten Welt an Bedeutung zunehmen: Welche Rolle spielen Suchmaschinen oder soziale Medien als Gatekeeper der öffentlichen Meinung? Wie wirken Bilder und durch welche Tricks lassen wir uns leicht manipulieren? Welche Inhalte und Weltbilder werden nicht nur durch Massenmedien und Filme, sondern beispielsweise auch durch Computerspiele vermittelt?

Informatik

Anwendungskompetenzen und Medienbildung haben aufgrund der Allgegenwart digitaler Technologien Eingang in vielen aktuellen deutschsprachigen Lehrplänen gefunden und sind zumindest theoretisch weitgehend akzeptierte Ziele der Allgemeinbildung. Bei der Informatik hingegen ist dies nicht der Fall. Das beginnt bereits bei der weit verbreiteten Unkenntnis möglicher Inhalte eines Themenbereiches »Informatik«. Das gesamte folgende Kapitel widmet sich deshalb ausführlich den Fragen, was Informatik alles umfasst, warum sie zur Allgemeinbildung gehören sollte und wie ihre Inhalte vermittelt werden können.

Fazit

In der digital geprägten Welt von heute gehören digitale Kompetenzen zur Allgemeinbildung. Sie sind fundamental für die Fähigkeit von Kindern und Jugendlichen, in ihrer Welt mündig und kritisch zu handeln. Digitale Kompetenzen erschöpfen sich deshalb auch nicht in der effizienten Bedienung der aktuell verfügbaren Hard- und Software, sondern erfordern entsprechende technische und soziale Grundkenntnisse, wie sie in den Bereichen »Medienbildung« und »Informatik« definiert sind.

Kernaussagen

> Die Schule steht vor der Herausforderung, mit, über und trotz digitaler Medien zu unterrichten.

> Digitale Kompetenzen lassen sich in die Aspekte »Anwendungskompetenzen«, »Medienbildung« und »Informatik« unterteilen.

> Während die Aufteilung von digitalen Kompetenzen in Teilaspekte zur Beschreibung hilfreich ist, ist deren gemeinsame Vermittlung meist sinnvoller.

> Bei Anwendungskompetenzen lassen sich schnelllebiges Produktwissen und langlebiges Konzeptwissen unterscheiden.

> Medienbildung hat das kritische, mündige Medienhandeln zum Ziel.

> Schulische Nutzungsregeln digitaler Medien sind ein lebensweltliches Diskussionsfeld für Fragen der Medienbildung.

Weiterführende Literatur

> Werner Hartmann und Alois Hundertpfund (2015): *Digitale Kompetenz* ☞ **b6006**

> D-EDK (2014): *Teillehrplan »Medien und Informatik«* ☞ **t17600**

> Heidi Schelhowe et al. (2009): *Kompetenzen in einer digital geprägten Kultur* ☞ **t9633**

Alle zitierten Quellen dieses Kapitels finden Sie unter ☞ **t16005**.

WOZU
INFORMATIK?

Es ist vergleichsweise einfach, jemanden von der Bedeutung von Anwendungskompetenzen und Medienbildung in der Informationsgesellschaft zu überzeugen. Denn kaum jemand kommt heute ohne Grundkenntnisse in Textverarbeitung und E-Mail aus, und Eltern ohne Wissen zu sozialen Netzwerken können ihre Kinder nur beschränkt beim verantwortungsvollen Umgang mit diesen Diensten unterstützen. Somit können sich alle etwas darunter vorstellen, und es ist auch einigermaßen klar, was schiefgehen kann, wenn das entsprechende Wissen fehlt. Beim Thema »Informatik« ist das um einiges schwieriger. Es fängt damit an, dass die wenigsten wissen, was sie sich unter Informatik vorstellen sollen und warum dieses Thema für die Allgemeinbildung relevant sein sollte – in der eigenen Schulzeit war Informatik ja schließlich auch kein Thema. Deshalb fehlen meist auch Vorstellungen darüber, wie Informatik insbesondere bei jüngeren Schülerinnen und Schülern unterrichtet werden könnte. Das folgende Plädoyer für Informatik in der Schule versucht darum etwas ausführlicher, die Fragen »Was ist Informatik?« ☞ f140, »Warum gehört Informatik zur Allgemeinbildung?« ☞ a1051 und »Wie lässt sich Informatik in der Schule unterrichten?« ☞ w461 zu beantworten.

Was ist Informatik?

Informatik ist eine vergleichsweise junge Wissenschaft. Dementsprechend ist die Definition des Fachgebietes nicht nur in der Öffentlichkeit diffus – nein, auch Informatikerinnen und Informatiker definieren ihr Fachgebiet teilweise unterschiedlich eng. Die Informatik besteht aus vielen Teilgebieten und ist auch zahlreiche Verbindungen mit Anwendungsgebieten eingegangen (sogenannte Bindestrich-Informatiken wie Wirtschafts-Informatik, Bio-Informatik, Geo-Informatik usw.). Angesichts der nach wie vor dynamischen Entwicklung folgt hier nun aber keine Auslegeordnung dieser Teil- und Anwendungsgebiete. Stattdessen wird das Gebiet der Informatik anhand einer allgemein akzeptierten Definition des Fachgebietes umschrieben.

> Informatik ist die Wissenschaft der strukturierten und automatischen Informationsverarbeitung. ☞ **f140**

Für Fachfremde ist meist erstaunlich, dass in dieser Definition der Begriff »Computer« gar nicht vorkommt. Darauf legen viele Informatikerinnen und Informatiker jedoch großen Wert und führen oft das folgende Zitat an, das dem Informatiker Edsger Dijkstra ☞ p243 zugeschrieben wird: »In der Informatik geht es genau so wenig um Computer wie in der Astronomie um Teleskope.« Die in der Informatik beschriebenen Konzepte der strukturierten und automatisierten Informationsverarbeitung sind auch in der Natur anzutreffen. So stellen die Erbsubstanz DNS oder das Nervensystem mit Neuronen und Synapsen zwei für Lebewesen wichtige informationsverarbeitende Systeme dar.

Obwohl die wenigsten Informatikerinnen und Informatiker der obigen Definition widersprechen würden, herrscht keine Einigkeit darüber, wie umfassend das Fachgebiet Informatik definiert sein soll. Die im Folgenden näher vorgestellten Sichtweisen unterscheiden sich darin, was alles als informationsverarbeitendes System betrachtet wird (siehe Abbildung 6.1).

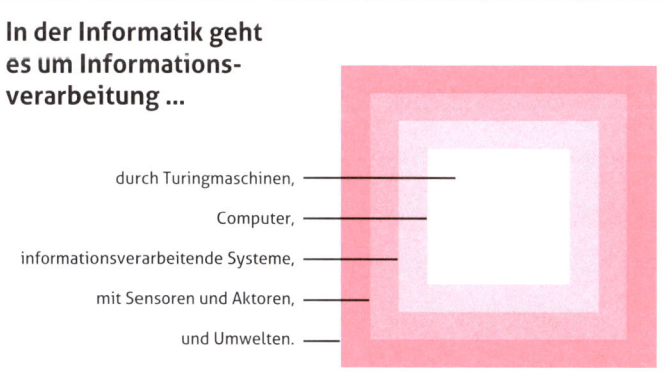

In der Informatik geht es um Informationsverarbeitung ...

durch Turingmaschinen,

Computer,

informationsverarbeitende Systeme,

mit Sensoren und Aktoren,

und Umwelten.

Abbildung 6.1: *Sichtweisen der Informatik – meist mehr als 0 und 1*

Informatik ist Informationsverarbeitung durch Turingmaschinen

Die theoretische Informatik beschäftigt sich erstens mit Logik, zweitens mit der Theorie formaler Sprachen und drittens mithilfe der Automatentheorie mit den grundsätzlichen Fragen, wie aufwendig Berechnungen sind und wo die Grenze der Berechenbarkeit liegt. Ja, es existieren tatsächlich viele exakt beschreibbare Probleme, die kein Computer dieser Welt wird lösen können, egal wie schnell er ist. So gibt es beispielsweise kein Programm, das entscheiden kann, ob ein beliebiges anderes Computerprogramm je zu einem Ende kommen wird. Allgemeiner formuliert, kann kein Programm beliebige andere Programme daraufhin überprüfen, ob sie tatsächlich das Gewünschte und nichts anderes tun. Diese als Halteproblem ☞ w140 bekannte Erkenntnis ist mit der Nichtexistenz eines *Perpetuum mobile* in der Physik vergleichbar.

Der britische Mathematiker Alan Turing ☞ p31 hat 1936 solche Überlegungen mit einem Gedankenmodell eines Computers angestellt, der nur aus einem endlos langen Papierband besteht, das von einem Lese-/Schreibkopf nach fixen Regeln gelesen und wieder beschrieben wird ☞ t2301. Die theoretische Informatik konnte beweisen, dass kein anderer Computer ein Problem wird lösen können, welches für eine sogenannte Turingmaschine ☞ w16 unlösbar ist. Wer sich für solche theoretischen und philosophischen Überlegungen begeistern kann, wird sich über die Bücher *Das Affenpuzzle* ☞ b1074 (dünn) von David Harel und *Gödel – Escher – Bach* ☞ b29 (dick) von Douglas Hofstadter freuen. Insbesondere bei Letzterem dürften auch Freunde der Linguistik auf ihre Kosten kommen, da formale Sprachen und Grammatiken ebenfalls zu den Themen der theoretischen Informatik gehören.

Informatik ist Informationsverarbeitung durch Computer

Durch die theoretische Informatik wird deutlich, dass die Informatik einen Teil ihrer Wurzeln in der Mathematik hat. Betrachtet man Informatik als Informationsverarbeitung durch real existierende Computer, so zeigt sich, dass Informatik auch eine Ingenieurwissenschaft ist 📖 a1005. Reale Hard- und Software muss mit vernünftigem Aufwand und in planbarer Zeit entwickelt und sicher, zuverlässig und kostengünstig betrieben werden können – lauter Dimensionen, die in der theoretischen Informatik keine Rolle spielen.

Peter Denning hat sich als langjähriger Präsident des Weltinformatikerverbandes ACM anlässlich der Überarbeitung des ACM-Informatiklehrplans für Schulen vorgenommen, das Spektrum informatischer Themen zu zeigen, ohne dauernd neue technische Entwicklungen berücksichtigen zu müssen. Er hat zu diesem Zweck im Jahr 2007 sieben sich zum Teil überlappende Prinzipien der Informatik zusammengestellt, welche die Informatik charakterisieren (siehe Abbildung 6.2) 📖 t5077, 📖 t7784.

Berechenbarkeit	Was berechnet werden kann, Grenzen der Berechenbarkeit	Algorithmus, Kontrollstrukturen, Datenstrukturen, Automaten, Sprachen, Turingmaschinen, universelle Computer, Turing-Komplexität, Selbstreferenz, Prädikatenlogik, Approximierungen, Heuristiken, Nichtberechenbarkeit, Übersetzungen, physische Umsetzungen
Kommunikation	Meldungen von einem Punkt zum anderen senden	Datenübertragung, Entropie von Shannon, Speicherung auf Medien, Kanalkapazität, Geräuschunterdrückung, Dateikomprimierung, Kryptographie, rekonfigurierbare Paket-Netzwerke, Ende-zu-Ende-Fehlerprüfung
Koordination	Mehrere auf ein Resultat ausgerichtete, kooperierende Einheiten	Mensch zu Mensch (Aktionsschlaufen, Arbeitsabläufe, die durch kommunizierende Computer unterstützt werden), Mensch zu Maschine (Schnittstelle, Eingabe, Ausgabe, Antwortzeit), Computer zu Computer (Synchronisationen, Rennen, Verklemmung, Serialisierbarkeit, atomare Aktionen)

Automatisie-rung	Ausführung kognitiver Aufgaben durch Computer	Simulation von kognitiven Aufgaben, philosophische Unterscheidungen zur Automatisierung, Expertise und Expertensystem, Intelligenzerweiterung, Turing-Test, maschinelles Lernen und Mustererkennen, Bionik
Wiederabruf	Ablegen und Wiederfinden von Informationen	Speicherhierarchien, Lokalität von Referenzen, Caching, Adressraum und Zuordnung, Benennung, gemeinsamer Zugriff, Seitenflattern, Suche, Abruf nach Name, Abruf nach Inhalt
Design	Wie zuverlässige, glaubwürdige, brauchbare, sichere Computersysteme entwickelt werden können	
Evaluation	Wie Computersysteme sich unter verschiedenen Belastungen verhalten und wie viel Kapazität sie benötigen, um Resultate rechtzeitig zu liefern	

Abbildung 6.2: *Die sieben großen Prinzipien der Informatik nach Peter Denning*
☞ t5077 ☞ t7784

Dennings Übersicht zeigt die thematische Breite der Informatik. Insbesondere wird deutlich, dass Informatik wesentlich mehr ist als Programmieren ☞ a1157. Programmieren ist ein Schritt bei der Umsetzung eines Modells in eine konkrete Anweisung für Computer und damit zwar ein notwendiger und wichtiger Bestandteil der Informatik, aber keineswegs mit ihr gleichzusetzen.

Informatik ist Informationsverarbeitung durch natürliche und künstliche Systeme

Die von Denning beschriebenen Prinzipien existieren nicht erst, seit sie von Menschen entdeckt und mithilfe von Computern umgesetzt worden sind. Viele informatische Konzepte lassen sich auch in der Natur beobachten. Die Wissenschaft Informatik kann helfen, solche Naturphänomene zu beschreiben und sie besser zu verstehen. So besitzen Lebewesen wie bereits erwähnt mit dem Nervensystem, dem Hormonsystem und der Erbsubstanz DNS verschiedene Systeme zur Übertragung, Verarbeitung und Speicherung von Informationen, die sich mit der Sprache der Informatik beschreiben lassen. Traditionellerweise betrachtet die Biologie

Lebewesen als stoffverarbeitende Systeme, die Informatik kann dazu die Perspektive von Lebewesen als informationsverarbeitende Systeme ergänzen.

Die Informatik kann aber auch im Sinne der Bionik ☞ w1250 von den Prinzipien der Informationsverarbeitung in der Natur lernen. Bereits seit längerem werden neurale Netze in der Informatik für Mustererkennung und andere mit Lernprozessen verwandte Aufgaben nachgebaut. Im Forschungsgebiet Infochemistry ☞ b5223 wird versucht, künstliche Informationsverarbeitung auf molekularer statt elektronischer Basis zu entwickeln, da die Leistungssteigerungen elektronischer Bauteile aufgrund des mooreschen Gesetzes ☞ w862 wahrscheinlich nicht mehr lange anhalten werden.

Informatik ist Informationsverarbeitung durch natürliche und künstliche Systeme mit Sensoren und Aktoren

Die bisher beschriebenen Sichtweisen der Informatik stellen alle gegen außen abgeschlossene Systeme ins Zentrum ihrer Betrachtung. Der Schweizer Informatiker und Roboterpionier Rolf Pfeifer ☞ p350 weist jedoch auf die große Bedeutung von Sensoren und Aktoren von informationsverarbeitenden Systemen hin. Ohne bei Lebewesen beispielsweise Augen, Ohren und Muskeln und bei Robotern Kameras, Mikrofone und Motoren zu betrachten, lässt sich weder ein Agieren in der realen Welt verstehen noch nachbauen. So reagiert ein Roboter mit ansonsten identischem Programm je nach Lage der Sensoren unterschiedlich auf Hindernisse. Pfeifer gilt als Begründer der Embodiment-Bewegung ☞ w1590 in der Informatik, also der These, dass Hard- und Software zusammen betrachtet werden müssen, um natürliche und künstliche Intelligenz zu verstehen ☞ b2825.

Informatik ist Informationsverarbeitung durch natürliche und künstliche Systeme mit Sensoren und Aktoren in einer Systemumwelt

Die breiteste Sichtweise der Informatik zieht schließlich nicht nur die Aktoren und Sensoren in ihre Betrachtung mit ein, sondern auch die Systemumwelt. Gemäß dieser Perspektive sind effektive und effiziente Lösungen erst dann möglich, wenn die Systemumwelt in die Planung und Umsetzung eines Projekts miteinbezogen werden. Heutige Informatiklösung sind meist soziotechnische Systeme, bei denen die gelungene Interaktion mit Benutzerinnen und Benutzern mindestens ebenso wichtig ist wie die Programme im Hintergrund. Während der US-amerikanische Informatiker Peter Wegner 1997 in einem Artikel *Why Interaction Is More Powerful Than Algorithms* ☞ t2515 noch eine formale Definition des Interaktionsbegriffs versucht, postuliert der Schweizer Informatiker Avi Bernstein im Jahr 2014 gar: *Informatik ist auch eine Sozialwissenschaft!* ☞ t15744. Die Forderung, Informatik müsse sich mit mehr als Theorie und Technik beschäftigen ☞ a1188, richtet sich auch gegen die strikte Trennung von Informatik und Medienbildung in der Schule, wo im einen Fach die technischen Grundlagen des Leitmedienwechsels behandelt werden, während sich ein anderes Fach um die persönlichen und gesellschaftlichen Aspekte ebendieses Wandels kümmert.

Warum Informatik?

Nachdem in der gebotenen Kürze die Informatik als Wissenschaft der Informationsverarbeitung mit fünf unterschiedlich stark fokussierten Sichtweisen präsentiert worden ist, geht es nun in einem zweiten Schritt um die Frage, warum Informatik Teil der Allgemeinbildung sein sollte ☞ a1051. Abbildung 6.3 zeigt neun Begründungen, die aktuell in der Debatte um die Bedeutung der Informatik in der Schule diskutiert werden.

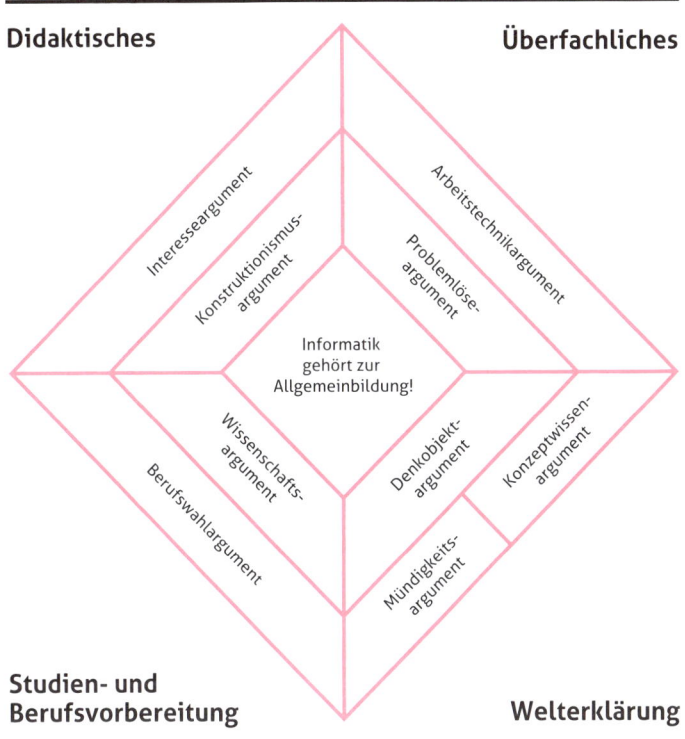

Didaktisches

Überfachliches

Interesseargument

Konstruktionismus-argument

Arbeitstechnikargument

Problemlöse-argument

Informatik gehört zur Allgemeinbildung!

Wissenschafts-argument

Denkobjekt-argument

Konzeptwissen-argument

Berufswahlargument

Mündigkeits-argument

Studien- und Berufsvorbereitung

Welterklärung

Abbildung 6.3: *Neun Begründungen für Informatik als Teil der Allgemeinbildung*

Informatik und Computer eröffnen einen virtuellen Raum, in dem sich Konzepte modellieren und simulieren lassen. Die Informatik stellt dazu einerseits Werkzeuge zur theoretischen Beschreibung von Strukturen und Abläufen bereit, andererseits aber auch konkrete Systeme in Form von Computern, um diese Strukturen und Abläufe zu implementieren und zu simulieren. Dabei sind den Möglichkeiten wenig Grenzen gesetzt: So lassen sich sowohl die physikalischen Gesetze unserer Erde nachbauen als auch Welten simulieren, die nach ganz anderen physikalischen Gesetzen funktionieren. Modellieren und simulieren lässt sich alles, was formal beschreibbar ist. Informatik bietet Kindern (und Erwachsenen) eine Umgebung, in der sie strukturiert denken und ihre Ideen ausdrücken können. Dies erfordert jedoch das Beherrschen der Sprache solcher Welten – also einer Programmiersprache. Nach dem Motto »JavaScript ist das neue Latein« ☞ a1160 wird deshalb auch verschiedentlich Programmieren als zweite Fremdsprache gefordert.

Der Grundgedanke des Computers als Denkwerkzeug führt nun zu den ersten vier Argumenten, weshalb Informatik Teil der Allgemeinbildung sein sollte: Dem Konstruktionismusargument, dem Wissenschaftsargument, dem Problemlöseargument und dem Denkobjektargument (siehe den inneren Kreis von Abbildung 6.3).

1. Konstruktionismusargument: Mathematik, Geometrie, Physik usw. besser begreifen

Should the computer teach the student, or vice-versa? ☞ t2488, fragte der Physiker Arthur Luehrman bereits 1972. Statt vom Computer etwas zu lernen, sollen die Schülerinnen und Schüler diesem etwas beibringen – und zwar indem sie den Computer so programmieren, dass er die entsprechenden Konzepte aus Mathematik, Geometrie, Physik usw. korrekt simuliert. »Um etwas Konstruieren zu können, muss man es verstanden haben«, argumentiert der MIT-Professor und frühere Piaget-Student Seymour Papert und prägte in Anlehnung an den Konstruktivismus ☞ w101 den Begriff des Konstruktionismus ☞ w561 als Bezeichnung für das Lernen durch Konstruieren. Die Informatik bietet zahlreiche Werkzeuge, um Dinge im virtuellen Raum mit Computern zu simulieren oder im realen Raum zum Beispiel mit Robotern zu konstruieren. Dadurch kann viel über Mathematik, Geometrie, Physik oder Volkswirtschaft gelernt werden.

Französisch lernt man gemäß Piaget am besten in einem Land, in dem Französisch gesprochen wird. Genauso verhält es sich mit der Mathematik. Doch da kein »Matheland« ☞ w2489 existiert, muss es Schülerinnen und Schülern zur Verfügung gestellt werden. Deshalb erfand Papert 1968 die Programmiersprache LOGO ☞ w562, mit der Kinder auf dem Bildschirm eine Schildkröte in einer Mikrowelt steuern können. Sein Buchtitel *Mindstorms* ☞ b130 war zudem namensgebend für die programmierbaren Roboter des Spielzeugherstellers LEGO.

Mit diesem Konstruktionismusargument ☞ a163 stellt sich Papert in die Tradition von John Dewey, Maria Montessori und Jean Piaget: Menschen lernen, wenn sie etwas tun, und wenn sie darüber nachdenken, was sie tun. Die Methode hat Ähnlichkeiten mit der Idee des »Lernens durch Lehren«. Die Schülerinnen und Schüler versuchen, bestimmte Konzepte einem Computer statt anderen Menschen zu »erklären«, der Computer wird somit zum Lernenden, der Schüler zum Lehrer. Diese Art des Lernens ist situiert ☞ a987, enaktiv ☞ a984 und bietet sofortige ☞ a457 und sanktionsfreie ☞ a458 Rückmeldungen: Wenn das erstellte Modell das gewünschte Verhalten zeigt, so ist es vermutlich korrekt, ansonsten gilt es nachzubessern.

Informatik bietet jedoch auch ohne Programmierkenntnisse zahlreiche Möglichkeiten zum Modellieren und Simulieren. David H. Jonassen zeigt dies in seinem Buch *Modeling with Technology* ☞ b02972, in dem er eine breite Palette von kognitiven Werkzeugen vorstellt: angefangen von Concept-Maps über Tabellenkalkulation und Datenbanken bis hin zu Simulations- und Visualisierungssoftware.

2. Wissenschaftsargument: Neue wissenschaftliche Erkenntnisse gewinnen

Das Wissenschaftsargument ☞ a1046 überträgt das Modellieren und Simulieren auf Wissenschaft und Forschung, also vom Lernen einer Einzelperson auf das Lernen der Gesellschaft. Die Wissenschaft kennt seit dem Altertum die Theorie als Methode zur Wissensgenerierung. Im Laufe der Zeit gesellte sich das kontrollierte Experiment als zweites Standbein dazu. In den letzten 20 Jahren hat sich dank Informatik und Computern Simulation als wichtige Erkenntnismethode neben Theorie und Experiment etabliert ☞ a933. Viele Wissenschaftszweige – nicht nur in den Naturwissenschaften – haben eigene Unterbereiche mit Lehrstühlen und Ausbildungsgängen im Bereich Computational XY geschaffen: Computational Physics, Computational Biology oder Computational Linguistics. Der Urknall lässt sich nicht nachbauen, aber simulieren. Neue Proteine und Medikamente werden oft erst im Computer simuliert, bevor sie im Labor auch chemisch hergestellt werden. Neben Wetter- und Klimaentwicklungen werden auch menschliche Entscheidungen – seien dies Fluchtwege in Gebäuden oder die Kundenzirkulation in Warenhäusern – digital modelliert und simuliert. Simulation hat eine solche Bedeutung in der Wissenschaft gewonnen, dass Informatik wie Mathematik als Wissenschaftspropädeutik ins Gymnasium gehört.

3. Denkobjektargument:
Vorstellungen von Intelligenz, Leben und
Willensfreiheit schärfen

Informatik und die damit realisierbaren Systeme bieten sich auch als Objekte an, um über verschiedene wichtige Konzepte unseres Lebens nachzudenken ☞ a161. Was ist Intelligenz? Was ist Leben? Was ist der eigene Wille? Das sind Fragen, die sich angesichts der Möglichkeit, gewisse menschliche Verhaltensweisen zu simulieren, anders diskutieren lassen. Damit werden Informatik und Computer zu einem Objekt philosophischer Überlegungen, über die bereits kleine Kinder nachdenken. Neben dieser eher abstrakten Ebene werden die Fragen bald sehr handfest, je weiter die Automatisierung voranschreitet: Wie sieht die Verantwortung bei selbstfahrenden Autos und autonom agierenden militärischen Maschinen aus?

4. Problemlöseargument:
Besser Probleme lösen

Informatik als Denkwerkzeug hat nicht nur im Bildungs- und Wissenschaftsbereich etwas zu bieten. Das Problemlöseargument ☞ a1052 zielt auf den Alltag: Informatik stellt Werkzeuge und Verfahren zur Verfügung, mit denen sich im Alltag Probleme strukturiert beschreiben, diskutieren und damit besser lösen lassen – auch ohne den Einsatz von Computern. So können zum Beispiel Flussdiagramme helfen, Abläufe zu verstehen und zu optimieren, unterschiedliche Datenstrukturen wie Listen, Tabellen, Bäume und Graphen unterstützen das problemgerechte Erfassen, Verarbeiten und Darstellen von Daten, und Visualisierungstechniken wie Concept-Maps helfen beim Nachdenken über Strukturen und Zusammenhänge. Bei der Beschäftigung mit Informatik lernt man diese Werkzeuge kennen und schult auch das entsprechende Denken. Viele dieser Konzepte und

Werkzeuge existieren nicht erst seit der Entstehung der Wissenschaft Informatik. Doch erst die Informatik macht den Umgang mit solchen Werkzeugen explizit zum Thema. Guter Informatikunterricht fördert daher nicht nur die Nutzung solcher Konzepte und Werkzeuge, sondern hilft Schülerinnen und Schülern auch, künftig selbst die geeigneten Denkwerkzeuge zu finden. So eröffnet Informatik die Möglichkeit, über Problemlöseheuristiken oder den Unterschied zwischen Korrektheit und Viabilität ☞ w170 nachzudenken.

Die Idee, Informatik als Denkwerkzeug zu verstehen, liefert bereits vier Argumente für die Wahrnehmung der Informatik als Teil der Allgemeinbildung. Der Informatikunterricht in der Schule bietet noch weitere Potenziale, wie die nächsten fünf Argumente zeigen.

5. Arbeitstechnikargument: Überfachliche Kompetenzen üben

Interpretiert man das Problemlöseargument etwas breiter, so landet man beim Arbeitstechnikargument ☞ a1235: Mit Informatik lässt sich das präzise Planen, Arbeiten und Kommunizieren im Team üben. Selbstverständlich bietet nicht nur Informatik diese Möglichkeit, das Arbeitstechnikargument zeigt jedoch, dass Informatik neben der Ausbildung von Fachkompetenzen auch zur Weiterentwicklung überfachlicher Kompetenzen beitragen kann. Zudem haben Informatiker für ihre Arbeit Werkzeuge zum gemeinsamen, zeit- und ortsunabhängigen Arbeiten entwickelt, die unterdessen weit über den Bereich der Informatik hinaus genutzt werden. So wurde beispielsweise das Konzept von Wikis ☞ w1268 ursprünglich zur Dokumentation von Softwareprojekten genutzt, heute wird damit das weltgrößte Lexikon Wikipedia betrieben. Zahlreiche Unternehmen nutzen Wikis zudem als unternehmensinternes Wissensmanagementwerkzeug ☞ w1908. In ihrem Buch *Wikinomics* ☞ b3029 zeigen Don Tapscott und Anthony Williams, dass Wikis zu einer Metapher für gemeinsames Arbeiten geworden sind, bei der das Gemeinschaftsprodukt über den Gewinn des Einzelnen gestellt wird. Die Thematisierung und Nutzung von informatischen Werkzeugen wie Wikis hilft somit einerseits, informatische Konzepte und

Werkzeuge wie Hypertextstrukturen oder Versionsverwaltung zu verstehen und effizient nutzen zu können. Andererseits können damit auch Arbeitsweisen der Informationsgesellschaft erlernt und geübt werden. Die didaktischen Potenziale solcher Werkzeuge sind ein weiterer Grund abseits der Informatik, sich mit ihnen zu beschäftigen ☞ b5000 .

6. Interesseargument: Schülerinnen und Schüler mit technischem Interesse ansprechen

Unsere Welt ist stark digital geprägt. Informatiksysteme sind ein fester Bestandteil der Lebenswelt von Kindern und Jugendlichen, aber sie finden bisher wenig Eingang in der Schule. Während Schülerinnen und Schüler, die sich für Sprache, Literatur oder Kunst interessieren, von der Schule gut bedient werden, kommen diejenigen, die sich für technische Themen interessieren, kaum auf ihre Kosten. Schule wird verschiedentlich als sprachlastig wahrgenommen ☞ a927 . Dabei geht es nicht nur um inhaltliche Aspekte. Auch bei den Arbeitsmethoden steht die Sprache oft im Mittelpunkt: Es muss etwas geschrieben oder in Vortragsform präsentiert werden. Mit der Integration von Informatik in der Schule erreicht man vermehrt Schülerinnen und Schüler, die sich eher für die technischen Seiten unseres Lebens interessieren und ingenieurmäßiges Problemlösen schätzen. Dieses Interesseargument ☞ a1236 lässt sich nicht nur auf die Informatik anwenden, sondern gilt in ähnlicher Form für alle MINT-Fächer.

7. Berufswahlargument: Schülerinnen und Schüler für Informatik gewinnen

Die Informatikbranche selbst führt oft den Informatikermangel ☞ a929 als wichtige Begründung für Informatik in der Schule an. »Schülerinnen und Schüler können sich unter Informatik wenig vorstellen und kommen so gar nicht auf die Idee, Informatik zu studieren oder eine Berufslehre im Bereich der Informatik zu machen«, so das Berufswahlargument ☞ a1049 . Obwohl eine aktuelle Untersuchung anhand der Einführung des Fachs Informatik an den Bayerischen Gymnasien den Zusammenhang zu bestätigen scheint ☞ t16786 , ist das Argument mit Vorsicht zu genießen. Berufsvorbereitung ist nur eine kleine Aufgabe der allgemeinbildenden Schule. Es ist daher nicht sinnvoll, für jede Berufsparte mit Nachwuchsproblemen ein entsprechendes Schulfach einzuführen. Zudem zeigt beispielsweise das Fach Medizin, dass für einen Studierendenandrang nicht zwingend ein entsprechendes Schulfach notwendig ist. Gleichwohl hat das Argument insofern seine Berechtigung, weil die Schule aktuell oft ein *falsches* Bild der Informatik vermittelt, wenn an gewissen Schulen etwa sogar das Erlernen des Zehnfingersystems im Stundenplan als Informatik bezeichnet wird. Es ist dann nicht verwunderlich, wenn sich potenzielle Informatikstudierende vom Fach distanzieren mit der Begründung: »Ich will etwas Anspruchsvolles studieren!«.

8. Welterklärungs- oder Mündigkeitsargument: Die technisierte Welt verstehen und mitgestalten

Unabhängig davon, ob sich Schülerinnen und Schüler für Informatik interessieren: Ihre Lebenswelt ist zunehmend davon geprägt. Gemäß dem Welterklärungs- oder Mündigkeitsargument ☞ a1050 hat die allgemeinbildende Schule die Aufgabe, Schülerinnen und Schüler auf ein mündiges Leben vorzubereiten, sodass sie sich in der Berufswelt, der Gesellschaft und im Privatleben zurechtfinden und diese Lebensbereiche mitgestalten können. Dies ist bereits heute ohne ein Verständnis grundlegender Konzepte der Informatik nicht mehr möglich. Am deutlichsten drückt dies der Buchtitel *Program or Be Programmed* ☞ b4175 von Douglas Rushkoff aus: Wer die digitale Welt nicht versteht, kann sie nicht mitprägen und ist ihr damit ausgeliefert.

Das Welterklärungs- oder Mündigkeitsargument zielt nicht primär auf Anwendungs- oder Bedienkompetenzen. Gegenargumente wie: »Meine Heizung, mein Kühlschrank und mein Auto funktionieren auch, ohne dass ich etwas von Physik und Chemie verstehe. Warum sollte ich etwas von Informatik verstehen müssen, nur um Computer nutzen zu können?« zielen damit am Kern des Arguments vorbei. Die Realität zeigt ja durchaus, dass sich Suchmaschinen und soziale Netze ohne Informatikkenntnisse nutzen lassen. Die Nutzer sind aber diesen Diensten ausgeliefert, da sie keine Ahnung von den dahinterstehenden

Mechanismen haben. Wer weiß, dass Zeitungen von Werbung leben, wird Artikel bezüglich einer bestimmten Branche oder eines bestimmten Produktes mit anderen Augen lesen. Wer weiß, dass und wie Suchmaschinen ihre Ergebnisse personalisieren, wird sein Suchverhalten anpassen und die Resultate anders gewichten. Physik erklärt, dass ein Handy nicht ohne Strahlung auskommt, aber auch, wie die eigene Strahlenexposition minimiert werden kann. Informatik erklärt, dass und welche Daten systembedingt durch die eigene Internetnutzung entstehen, aber auch, wie diese Daten minimiert werden können.

9. Konzeptwissenargument: Die digitalen Werkzeuge leichter erlernen und effizienter nutzen

Wer einmal Autofahren gelernt hat, musste bisher für den Rest seines Lebens nicht mehr umlernen. Beim Auto hat sich in den letzten 70 Jahren in der Bedienung und in den Möglichkeiten wenig verändert. Das Autofahren wurde schneller, bequemer und günstiger, aber noch immer fährt man mit seinem Wagen primär von A nach B, besitzen alle Autos ein Steuerrad und ist es gesetzlich festgelegt, wie Gas- und Bremspedal im Auto angeordnet sein müssen. Ganz anders bei der sich noch immer rasch weiterentwickelnden Digitaltechnologie: Hier wird zwar die Nutzung bestehender Funktionen laufend einfacher, dafür werden aber die Möglichkeiten immer zahlreicher und abstrakter. Reichte es 1995 zu wissen, wie Daten auf eigenen Datenträgern abgespeichert werden müssen, so liegen heute Daten in verschiedenen Cloudspeichern verteilt. Nutzerinnen und Nutzer sollten daher den Unterschied zwischen simplem Speichern, Synchronisieren und Datensichern kennen, um nicht plötzlich die Resultate tagelanger Arbeit zu verlieren. Wer – so das Konzeptwissenargument ☞ a1047 – die grundlegenden und seit mehr als 50 Jahren stabilen Konzepte der Informatik einmal begriffen hat, wird es einfacher haben, rasch wandelnde Technologien und sich noch rascher verändernde Werkzeuge für sich nutzbar zu machen. Weil Informatik auch Konzepte und nicht wie Autofahren nur eine Fertigkeit vermittelt, gehört sie im Gegensatz zum Autofahren zur Allgemeinbildung, die in der Schule vermittelt werden soll.

Wie Informatik unterrichten?

Bei der Diskussion nach der Bedeutung von Informatik in der Schule wird nicht nur die Begründung infrage gestellt. Insbesondere für die Grundschule wird auch angezweifelt, ob Informatik attraktiv und stufengerecht vermittelt werden kann. In der öffentlichen Wahrnehmung ist Informatik abstrakt und lebensfern. Zahlreiche Beispiele zeigen jedoch, dass sich Informatik durchaus sehr konkret und schülernah aufbereiten lässt. Die für alle Themen und Altersstufen gültige Empfehlung, Beispiele aus der Lebenswelt der Schülerinnen und Schülern zu wählen, bietet sich angesichts der allgegenwärtigen Digitalisierung auch beim Thema Informatik an. Unter dem Schlagwort »Informatik im Kontext« ☞ w2429 sind im deutschsprachigen Raum in den letzten Jahren einige Beispiele verfügbar, wie sich Informatik konkret und lebensweltnah vermitteln lässt. Die Projekte sind sehr oft interdisziplinär und projektartig gestaltet, was zur Leitmedienwechsel-Reaktion 4: »Wer redet noch von Fächern?« ☞ a1184 (siehe Kapitel 2) passt.

Informatik »be-greifbar« machen

Die zunehmende Verfügbarkeit von immer vielfältigeren Roboterbausätzen mit Sensoren und Aktoren sowie 3D-Druckern hat bereits zur Entstehung einer entsprechenden Bastler- und Tüftlerszene geführt ☞ w2430 und bietet das Potenzial, dass Informatik künftig noch konkreter und im wahrsten Sinne des Wortes »be-greifbar« vermittelt werden kann. Wenn Roboter der gezeichneten Linie auf dem Schulhausplatz folgen oder ein Sensor anzeigen soll, ob der Postbote ein Paket gebracht hat oder nicht, dann findet Informatik konkret in der realen Welt und nicht mehr abstrakt im Bildschirm statt. Bei solchen Projekten, bei denen Schülerinnen und Schüler neben Informatik auch einiges über Physik (und damit auch über Mathematik und Geometrie) lernen, zeigt sich deutlich, dass Informatik auch eine Ingenieurdisziplin ist. Ob dieser Unterricht als Informatik, Technisches Gestalten oder Physik bezeichnet wird, interessiert primär Bildungspolitiker und Lehrplanmacher, sollte aber im Schulalltag keine Rolle spielen.

Informatik ohne Computer vermitteln

Noch weiter im Bemühen, Informatik »be-greifbar« zu machen, geht die Initiative »Computer Science Unplugged« ☞ w2379. Eine wachsende Sammlung von Unterrichtsbeispielen zeigt, wie sich Konzepte der Informatik gänzlich ohne Computer und Elektronik vermitteln lassen. So wird beispielsweise mit einem Kartentrick das Prinzip der Redundanz und die Funktionsweise von fehlerkorrigierenden Codes erklärt, wie sie in jedem Strichcode und jeder Kontonummer zu finden sind. In Rollenspielen können Kinder verschiedene Sortierverfahren durch eigene Aktivitäten kennenlernen. »Computer Science Unplugged« macht Konzepte der Informatik handfest erfahrbar, befreit sie von produktspezifischem Ballast und zeigt implizit die Langlebigkeit der vermittelten Inhalte. Die Arbeit am Computer ist sowohl bei Schülerinnen und Schülern als auch bei Lehrkräften mit Erwartungshaltungen verbunden, die durch »Computer Science Unplugged« vermieden werden können. Insbesondere zeigt dieses Projekt aber exemplarisch auf, dass Informatik nicht die Wissenschaft vom Computer, sondern die Wissenschaft der strukturierten und automatischen Informationsverarbeitung ist.

Informatik liefert eine wesentliche Sichtweise auf unsere Welt

Physik und Chemie betrachten die Welt aus den Perspektiven »Materie« und »Energie«. Informatik bietet als weitere Sichtweise die Perspektive »Information«. Diese Sichtweisen sind grundlegend für das Weltverständnis. So wie der Physik- und Chemieunterricht nicht dazu dient, zukünftige Physikerinnen und Chemiker auszubilden, geht es auch bei der Informatik um eher allgemeine als um fachspezifische Bildung. Die US-amerikanische Informatikerin Jeanette Wing bezeichnete in einem oft zitierten Artikel ☞ t12130 die zu erwerbende Kompetenz als *computational thinking* ☞ w2206, als »Denken wie Informatikerinnen und Informatiker«. Dieser Blick durch die informatische Brille wird je länger desto wichtiger: Auch die digitalisierte Welt besteht aus mehr als 0 und 1. Wer aber nicht versteht, wie 0 und 1 funktionieren und wirken, wird die Welt immer weniger verstehen und mitgestalten können.

Kernaussagen

> Informatik ist die Wissenschaft der strukturierten und automatisierten Informationsverarbeitung.

> Informatik ist mehr als Programmieren.

> **Konstruktionismusargument:** Mit Informatik lässt sich Mathematik, Geometrie oder Physik besser begreifen.

> **Wissenschaftsargument:** Mit Informatik lassen sich neue wissenschaftliche Erkenntnisse gewinnen.

> **Denkobjektargument:** Mit Informatik lassen sich Vorstellungen von Intelligenz, Leben oder Willensfreiheit schärfen.

> **Problemlöseargument:** Informatik hilft, Probleme besser zu lösen.

> **Arbeitstechnikargument:** Mit Informatik lassen sich überfachliche Kompetenzen üben.

> **Interesseargument:** Mit Informatik lassen sich Schülerinnen und Schüler mit technischem Interesse ansprechen.

> **Welterklärungs- oder Mündigkeitsargument:** Mit Informatik lässt sich die technisierte Welt verstehen und mitgestalten.

> **Konzeptwissenargument:** Mit Informatik lassen sich digitale Werkzeuge leichter erlernen und effizienter nutzen.

> Informatik lässt sich auch »be-greifbar« vermitteln.

> Ziel von Informatik in der Schule ist nicht die Ausbildung von Berufsleuten, sondern das Vermitteln von *computational thinking* als Teil der Allgemeinbildung.

Weiterführende Literatur

> Sylvia Libow Martinez und Gary Stager (2013): *Invent to Learn – Making, Tinkering, and Engineering in the Classroom* ☞ **b5341**

> Heidi Schelhowe (2007): *Technologie, Imagination und Lernen* ☞ **b3147**

> Tim Bell, Ian H. Witten, Mike Fellows (2006): *Computer Science Unplugged* ☞ **b3203**

> Jens Gallenbacher (2006): *Abenteuer Informatik* ☞ **b3143**

> Werner Hartmann, Michael Näf, Raimond Reichert (2006): *Informatikunterricht planen und durchführen* ☞ **b2600**

> David H. Jonassen (2006): *Modeling with Technology – Mindtools for Conceptual Change* ☞ **b2972**

> David Harel (2000): *Das Affenpuzzle* ☞ **b1074**

> Seymour Papert (1993): *Revolution des Lernens* ☞ **b226**

> Seymour Papert (1982): *Mindstorms* ☞ **b130**

> Douglas Hofstadter (1979): *Gödel – Escher – Bach* ☞ **b29**

Alle zitierten Quellen dieses Kapitels finden Sie unter ☞ **t16006**.

WIE KOMMT DAS DIGITALE IN DIE SCHULE?

Der Computer vor der Schultür ☞ **b1568** lautet der Titel eines 1986 erschienenen Buches von Heinz Moser über die bevorstehenden Veränderungen in der Schule durch die Digitalisierung. Metaphorisch gesehen steht der Computer – bald dreißig Jahre später – noch immer vor der Türe. Neben ihm stehen aber bereits das Tablet und das Smartphone. An manchen Türen hängt ein Schild: »Zutritt für private Computer verboten.« Das Internet lässt sich jedoch nicht mehr an der Türe aufhalten, es schleicht sich drahtlos ins Schulhaus und nimmt die sozialen Netzwerke gleich mit.

Zwar haben sich die Begrifflichkeiten in den letzten dreißig Jahren geändert, aus EDV ist ICT und aus Medienkunde und Medienkritik ist Medienbildung geworden – die Rhetorik ist aber gleich geblieben. So hält die deutsche Kultusministerkonferenz (KMK) 1995 fest: »Medien nehmen heute eine zentrale Stellung in der privaten und beruflichen Lebenswelt sowie in der öffentlichen Meinungsbildung ein und beeinflussen, prägen und strukturieren nachhaltig die Erfahrungen eines jeden einzelnen – vor allem aber der Kinder und Jugendlichen« ☞ **t16670**. Eine Schweizer Expertengruppe schreibt bereits im Jahr 1978 zum Thema Informatik in der Gymnasialstufe: »Die Informatik […] ist eine selbständige, schon recht verbreitete Wissenschaft. Ihre Methoden lassen sich auf eine ganze Reihe von Wissensgebieten anwenden, unter denen mehrere unsere Schul-Programme betreffen. Die Verfasser des vorliegenden Berichts betrachten es deshalb als dringlich und wichtig, die Schüler der Oberstufe der Mittelschule in die Informatik einzuführen« ☞ **b3462**.

Staatliche Stellen werden nicht müde, die Einführung ebendieser »neuen Medien« in die Schule zu vermelden. In jedem Schulhaus steht ein Computer, jedes Schulhaus ist ans Internet angeschlossen, interaktive digitale Wandtafeln machen Schule, Notebookklassen sind erfolgreich usw. Doch diese Erfolgsmeldungen sind trügerisch. Einerseits hinken sie der technischen Entwicklung stets hinterher, andererseits will die reale Situation vor Ort meist nicht zu den staatlichen Erfolgsmeldungen passen. Im Gegenteil: Seit bald 30 Jahren wird konstatiert, der Zeitpunkt zur verbindlichen und flächendeckenden Integration des Digitalen in der Schule sei nun gekommen – und trotzdem ist seither vergleichsweise wenig passiert. Woran liegt es, dass die Thematik zwar als relevant eingestuft wird, die Schulpraxis aber der technischen und gesellschaftlichen Entwicklung hinterherhinkt und insbesondere von Schülerinnen und Schülern zunehmend als anachronistisch wahrgenommen wird ☞ f134?

Die Problematik ist vielschichtig und komplex. Für eine nachhaltige Integration des Digitalen in den Schulalltag sind zahlreiche und miteinander koordinierte Maßnahmen auf der Ebene des Individuums (persönliche Überzeugungen und Kompetenzen), der Schule (innovationsfreundliche Schulkultur, befürwortende Schulleitung, bedürfnisgerechte Infrastruktur, sowohl technischer als auch pädagogischer Support) und des gesamten Bildungssystems (bildungspolitische Vorgaben und Lehrpläne, passende digitale Lehrmittel, finanzielle Ressourcen usw.) erforderlich.

Es braucht WWW …

Bei aller Vielschichtigkeit: Zentral ist und bleibt die Lehrkraft. Gerald Knezek et al. haben durch empirische Untersuchungen drei Faktorenbündel gefunden, anhand deren sich erstaunlich gut vorhersagen lässt, ob und wie stark Lehrerinnen und Lehrer digitale Medien im Unterricht einsetzen werden. Dieses Will-Skill-Tool-Modell ☞ w2274 lässt sich auf Deutsch mit WWW abkürzen und folgendermaßen beschreiben:

> **Wille:** Nur Lehrkrafte, die von den Vorteilen digitaler Medien für ihre Stufe und ihr Fach überzeugt sind, werden digitale Medien auch einsetzen. Es reicht dabei nicht, dass Lehrerinnen und Lehrer grundsätzlich von den Potenzialen digitaler Medien für Lehr- und Lernzwecke überzeugt sind. Nur die Überzeugung von ihrem Wert für die eigene Stufe und das eigene Fach führen zu einer Verhaltensänderung. ☞ a953

> **Wissen:** Lehrkräfte, die nicht nur über technische, sondern auch über didaktische Kenntnisse des Einsatzes digitaler Medien verfügen, werden digitale Medien auch einsetzen. ☞ a951

> **Werkzeuge:** Nur wenn genügend digitale Geräte für Schülerinnen und Schüler stets verfügbar sind, werden diese auch im Unterricht eingesetzt. ☞ a950

Der Faktor Zeit

Obwohl das Will-Skill-Tool-Modell in den nachfolgenden Überlegungen strukturierendes Element sein wird, soll zuerst auf einen weiteren wichtigen Faktor eingegangen werden, der im Modell nur implizit sichtbar wird: der Zeit. Lehrerinnen und Lehrer geben in entsprechenden Umfragen oft an, zu wenig Zeit zur Exploration der Potenziale von digitalen Medien für ihr Fach im allgemeinen oder zur konkreten Unterrichtsvorbereitung mit digitalen Medien ☞ a952 zu haben. Hohe Stundendotationen, fehlende Entlastung und allgemeine Sparbemühungen auch im Bildungsbereich wirken sich negativ auf die Integration des Digitalen in die Schule aus.

Innovationstypen nach Rogers

E. M. Rogers hat 1962 im Buch *Diffusion of Innovations* ☞ b3045 ein eingängiges Modell beschrieben, wie Menschen auf Innovationen reagieren. Er unterscheidet in einer Normalverteilung fünf Reaktionsmuster auf Neues. Dieses vereinfachte Modell ist zwar nicht unumstritten, aber so eingängig, dass es viele Nachahmer und eine große Verbreitung gefunden hat. Abbildung 7.1 zeigt die fünf Innovationsgruppen und ihre Benennung durch unterschiedliche Autoren.

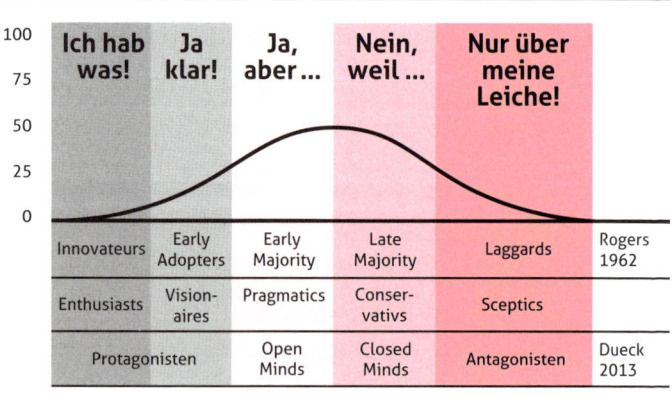

Abbildung 7.1: *Innovationstypen nach Rogers 1962* ☞ b3045

Wenn auch stark vereinfachend, so kann das Modell doch dabei helfen, unterschiedliche Positionen zu verorten und entsprechende Maßnahmen zur Innovationsförderung zu planen. Im Folgenden werden deshalb die fünf Gruppen und ihre Spezifika kurz skizziert:

> **Innovatoren (Innovators)** bringen Neues in eine Organisation, indem sie viel Zeit für eigene Experimente und visionäre Ideen aufwenden. Sie testen auch unfertige Konzepte und Produkte. Ihr Leitmotiv lautet: »Ich habe da was Neues gefunden!« ☞ w2126

> **Erstanwender (Early Adopter)** nehmen Ideen von Innovatoren mit Freude auf. Im Gegensatz zu den Innovatoren stehen für sie nicht mehr die Technologie und das Ausprobieren per se im Vordergrund. Sie sind jedoch sehr offen für Neues und gerne bereit, Ideen auf ihre Umsetzbarkeit und Sinnhaftigkeit zu überprüfen. Ihr Leitmotiv lautet: »Ja klar, versuchen wir es!« ☞ w1431

> **Die frühe Mehrheit (Early Majority)** wartet, bis sich der Nutzen einer Innovation in ersten Versuchen von Early Adopters für sie gezeigt hat, ist danach aber bald bereit, auf den Zug aufzuspringen. Die Technologie selbst ist definitiv keine Motivation für die frühe Mehrheit, das Neue muss primär seine Nützlichkeit bewiesen haben. Leitmotiv: »Ja, aber ...« ☞ w2127

> **Die späte Mehrheit (Late Majority)** ist konservativ und sucht lange nach Gründen, warum die Innovation eben doch noch nicht so weit ist. Sie bleibt so lange wie möglich bei der traditionellen Lösung. Leitmotiv: »Nein, weil ...« ☞ w2128

> **Die Skeptiker (Laggards)** wehren sich im Gegensatz zur späten Mehrheit aktiv gegen die Neuerung und versuchen, diese zu verhindern. Leitmotiv: »Nur über meine Leiche!« ☞ w2129

Diese fünf Gruppen benötigen jeweils unterschiedliche Bedingungen, damit sie Neues annehmen und umsetzen. Innovatoren und Early Adopter brauchen keine Förderung. Sie sind bereits glücklich, wenn ihnen keine Steine in den Weg gelegt werden und sie Freiraum, Verständnis und Interesse für ihre unzeitgemäßen Ideen erhalten.

Eine erste große Hürde für Neuerungen stellt das Gewinnen der frühen Mehrheit dar. Im Gegensatz zu Innovatoren und Erstanwendern ist diese nicht mehr an Technik per se interessiert, sondern primär an inhaltlichen Verbesserungen. Sie fragt: »Was bringt mir das?« und fordert: »Zeigt mir jemanden wie mich, der die Idee bereits erfolgreich umsetzt!«. Genau diese Forderung beschreibt Geoffrey Moore 1991 in seinem Buch *Crossing the Chasm* ☞ b2352 , auf Deutsch in etwa »Den Graben überspringen«. Firmen haben mit neuen Produktkonzepten oft das Problem, erste »normale« Kunden zu finden, da normale Kunden gerne andere normale Kunden als Referenz hätten. Lehrkräfte verhalten sich ähnlich. Sie möchten gerne sehen, dass das Neue auch bei technisch Uninteressierten funktioniert und sich für diese lohnt. Um die frühe Mehrheit für eine Neuerung gewinnen zu können, muss somit anders argumentiert werden. Technische Argumente zählen nicht, es geht darum darzulegen, wie andere Probleme der Schule mit der Neuerung gemeistert werden können: Was trägt das Neue zur Individualisierung, zum Umgang mit Heterogenität oder zur Erreichung spezifischer fachdidaktischer Zielen bei?

Während es noch vergleichsweise einfach ist, die frühe Mehrheit zu einer Veränderung zu bewegen, sobald man inhaltliche Argumente für die Einführung der Innovation bieten kann, wird es bei der späten Mehrheit schon schwieriger. Sie wehrt sich nicht aktiv gegen Neuerungen, vertritt aber den Standpunkt, dass es bisher auch ohne ging. Wird sie aufgefordert, eine Innovation umzusetzen, will sie erst zuwarten, Studienergebnisse sehen und auch die letzten Probleme der Neuerung gelöst wissen. Dann verlangt sie nach Unterstützung bei der Umsetzung.

Skeptiker sind wichtig

Die Skeptiker ☞ w2129 sind schließlich der härteste Brocken. Zahlenmäßig zwar meist unterlegen, wehren sie sich jedoch aktiv gegen Neuerungen. Damit sind sie nicht nur ein Problem, wenn eine Neuerung flächendeckend eingeführt werden soll, sondern bereits viel früher, denn sie beeinflussen und vertreiben allenfalls die späte und eventuell gar Teile der frühen Mehrheit. Geoffrey Moore schreibt, die Hauptaufgabe bei der Einführung von Neuerungen sei es deshalb, die Skeptiker zum Schweigen zu bringen, was aber auch schade sei, denn diese würden uns helfen, die Schwächen der Neuerungen frühzeitig zu erkennen.

Auch beim Thema Digitalisierung und Schule ist es längerfristig keine Lösung, die Skeptiker zu ignorieren. Wer sich für die Integration digitaler Medien in der Schule einsetzt, sollte sich mit den Argumenten der Kritiker vertieft auseinandersetzen, um bei Gelegenheit stichhaltige Gegenargumente parat zu haben. Im Anhang B dieses Buches sind deshalb mehr als 60 Argumente gegen digitale Medien in der Schule aufgeführt.

Pilotprojekte sind etwas anderes als obligatorische Veränderungen

Im zeitlichen Verlauf verändern sich nicht nur die Motive der Beteiligten, sondern auch die Stoßrichtung der Projekte. Richard Nolan hat in den 1970er-Jahren die Informatikbudgets von Unternehmen untersucht und dabei ein Wachstum beobachtet, das wie eine S-Kurve verläuft. In der Folge hat er ein Phasenmodell ☞ w1324 entwickelt, das für die Schule adaptiert worden ist (Bruck und Geser 2000 ☞ b478, Breiter 2001 ☞ b650, Döbeli 2005 ☞ b2000).

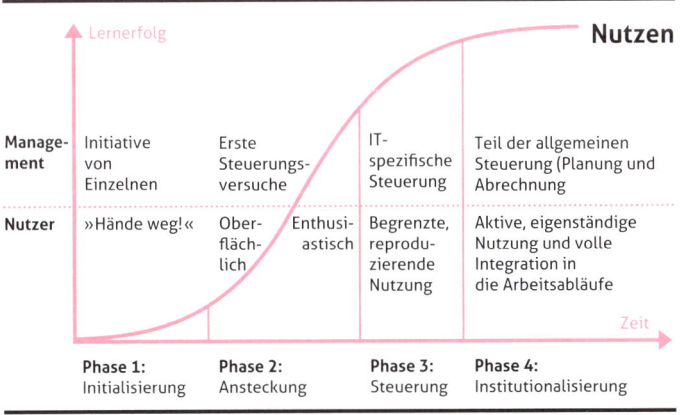

Abbildung 7.2: *Phasenmodell der organisationalen Lernkurve bei der Einbettung von ICT in Schulen nach Breiter 2001* ☞ b650

Das Modell (siehe Abbildung 7.2) besteht aus vier Phasen:

1 **Initialisierung:** Einsatz einer neuen Technologie von einzelnen Enthusiasten

2 **Ansteckung:** rasante oberflächliche Verbreitung der neuen Technologie unter den Nutzerinnen und Nutzern, erste Steuerungsversuche des Managements

3 **Steuerung:** wiederholte und gezieltere Nutzung bei gleichzeitig massiven, technologiespezifischen Steuerungsversuchen des Managements

4 **Institutionalisierung:** Rückbesinnung auf die eigentlichen Ziele einer Organisation (Unternehmen oder Schule), Abkehr von technologischen Zielsetzungen und volle Integration der Technologie in die Arbeitsabläufe

Dieses Modell erklärt, warum von erfolgreichen Pilotprojekten nicht direkt auf eine flächendeckende Umsetzung geschlossen werden kann. Pilotprojekte werden meist mit Early Adoptern durchgeführt, die nicht vom Nutzen des Neuen überzeugt werden müssen und sich den Umgang damit vermutlich selbstständig beigebracht haben. Wird ein erfolgreiches Pilotprojekt erweitert, melden sich in der nächsten Phase Mitglieder der frühen Mehrheit. Erst bei einem flächendeckenden Obligatorium gilt es, auch die späte Mehrheit und die Skeptiker zu überzeugen.

Eine vergleichbare S-Kurve wird im Bereich des Technologie-Managements von Foster (1986) ☞ b1266 postuliert. Foster beschreibt damit das Phänomen, dass die Leistung einer Technologie nicht proportional zur Zeit oder zu den eingesetzten Mitteln ansteigt. Zu Beginn einer Technologieentwicklung sind relativ viel Zeit und Mittel zu investieren, bis eine Leistungsverbesserung eintritt. In einer mittleren Phase ist die Leistungszunahme der neuen Technologie dann recht groß, bis sich die Leistung schließlich ihrer Obergrenze annähert.

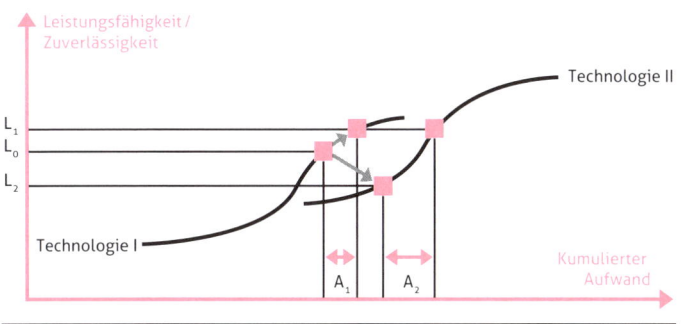

Abbildung 7.3: *Strategische Technologie-Entscheidungssituationen nach Foster 1986* 🔖 **b1266**

Während nun eine Technologie an Leistungsfähigkeit und Zuverlässigkeit zunimmt, entstehen bereits die Anfänge der Nachfolgetechnologie (siehe Abbildung 7.3). Für Unternehmen, aber auch für Schulen stellt sich damit die Frage des richtigen Zeitpunkts, um von einer Technologie auf die nächste umzusteigen. Lohnt es sich bereits bei Punkt L_0 auf die neue Technologie II umzusteigen, auch wenn diese anfänglich (Punkt L_2) noch nicht so effizient ist oder noch nicht so zuverlässig funktioniert? Schließlich ließe sich auch mit der aktuellen Technologie die Leistungsfähigkeit noch steigern (Punkt L_1). Konkret: Wann war der richtige Zeitpunkt, um von Computerräumen mit Desktops auf Notebook-Pools zu wechseln? Wann werden Notebook-Pools durch Eins-zu-eins-Ausstattungen ersetzt werden? Soll das erst im Aufbau begriffene zentrale Learning Management System (LMS) bereits durch attraktiver erscheinenden Web-2.0-Dienste abgelöst werden? Langsam haben sich Lehrerinnen und Lehrer mit Notebooks im Unterricht angefreundet: Ist jetzt wirklich der richtige Zeitpunkt, um auf Tablets und Smartphones umzusteigen?

Die Innovatoren von gestern sind oft die Skeptiker von heute

Seit Beginn der Digitalisierung stehen Schulen vor solchen Technologieentscheidungen. Dabei zeigt sich, dass die Innovatoren von gestern oft die Skeptiker von heute sind. Nicht unverständlich: Sie haben oft unter Einsatz von viel Freizeit oder Steuergeldern in eine Technologie investiert, die bereits durch die nächste bedroht scheint. Wer in seiner Freizeit einen Computerraum in der Schule aufgebaut und jahrelang betreut hat, sieht seine Arbeit unter Umständen durch unkontrollierbare Medienecken in allen Schulzimmern bedroht, wer innovativ Notebooks in den Unterricht eingeführt hat, möchte den Sinn von Smartphones nicht erkennen und wer eine zentral gesteuerte standardisierte IT-Infrastruktur aufgebaut hat, fürchtet sich eventuell vor der scheinbaren Unkontrollierbarkeit von persönlichen Geräten der Lernenden (BYOD ☞ w2286). Es ist wichtig, solche Zusammenhänge zu erkennen und frühere Innovatoren nicht als generell technikfeindlich abzustempeln.

Zeit geben für das »Warum«

Lehrkräfte und Schulteams benötigen deshalb bei Veränderungsprozessen nicht nur Weiterbildungen, *wie* das Neue zu integrieren ist, sondern auch Zeit, das *Warum* zu diskutieren. Wird nur das *Wie* erklärt, kann dies Widerstand auslösen: »Wir wurden gar nicht gefragt, ob wir das wollen!« Lässt man das *Warum* diskutieren, ist dies ein Zeichen der Wertschätzung für das Gegenüber, aber auch ein Zeichen der Stärke. Es signalisiert, dass man sich vor der Diskussion zu Sinn und Zweck der geplanten Neuerung nicht scheut. Wichtig ist hierbei, dass man die Kritikpunkte an der Neuerung detailliert kennt und mehrheitlich widerlegen kann.

In der Schweiz wurden zwei Poster entwickelt, mit denen sich solche Diskussionen initiieren und begleiten lassen. Während der ICT-Kompass ☞ t5700 aus dem Jahr 2005 mit reinen Pro-Argumenten aus Kapitel 4 klar Stellung bezieht, ist das 2010 publizierte Poster *Schule in der Informationsgesellschaft* ☞ t17300 zurückhaltender. Beide eignen sich jedoch dazu, eine Diskussion in Gang zu bringen und implizite Überzeugungen von Lehrkräften an die Oberfläche zu bringen.

Mit den beiden Postern ist das Thema Weiterbildung bereits angesprochen, damit ist der erste Schritt getan. Gemäß dem WWW-Modell müssen sich Lehrerinnen und Lehrer jedoch kompetent genug fühlen, das Digitale in ihren Unterricht zu integrieren. Doch was genau müssen Lehrkräfte wissen und können? In ihrem Technological-Pedagogical-Content-Knowledge-Modell 🖙 w2257 identifizieren Mishra und Koehler drei Wissenskomponenten, die kombiniert eine sinnvolle Integration des Digitalen in den Unterricht ermöglichen (siehe Abbildung 7.4).

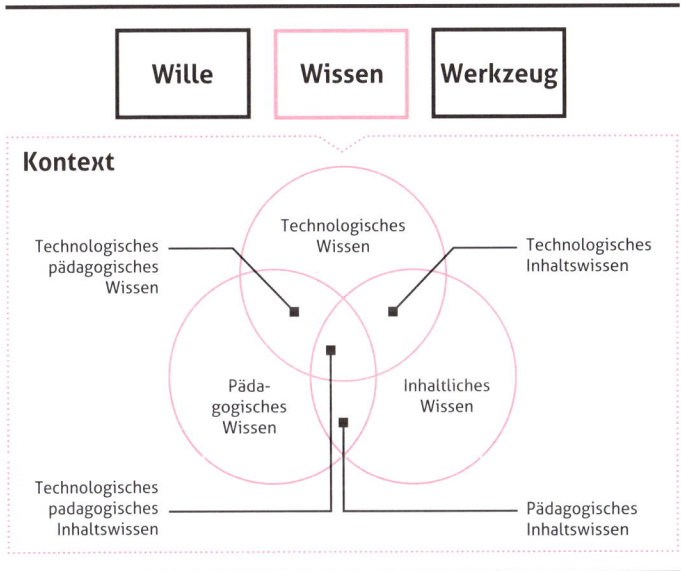

Abbildung 7.4: *Das Wille-Wissen-Werkzeug- und das TPCK-Modell* 🖙 t14000

Bereits vor der Digitalisierung mussten Lehrerinnen und Lehrer einerseits über das notwendige inhaltliche Wissen *(content knowledge)* verfügen, dass sie vermitteln sollten, und andererseits wissen, wie man unterrichtet *(pedagogical knowledge)*. Die Schnittmenge dieser beiden Bereiche, das *pedagogical content knowledge,* ist das zum Vermitteln eines bestimmten Themengebietes notwendige Wissen, also das *fachdidaktische Wissen.*

Mishra und Koehler ergänzen diese Überlegungen von Shulman (1986) ☞ t13596 um die technologische Komponente. Dies bedeutet, dass Lehrerinnen und Lehrer bezüglich Technologie über folgendes Wissen verfügen müssen:

> **Technologisches Wissen:** Wie funktionieren digitale Medien und wie lassen sie sich effizient für die eigene Arbeit nutzen? Beispiel: Wie funktioniert ein Wiki und wie lässt es sich für das persönliche Wissensmanagement verwenden? ☞ w2269

> **Technologisches pädagogisches Wissen:** Wie verändern sich Lehr- und Lernprozesse durch digitale Medien und wie lassen sich digitale Medien als Teil von Lehr- und Lernprozessen sinnvoll einsetzen? Dies entspricht dem Gebiet der Mediendidaktik. Beispiel: Wie lassen sich Wikis für kollaborative Lernsettings nutzen? ☞ w2272

> **Technologisches Inhaltswissen:** Wie verändert sich das eigene Fach durch digitale Technologien? Beispiel: Welche Bedeutung haben Hypertextstrukturen und kollaboratives Arbeiten im Web für das Schreiben von Aufsätzen? ☞ w2271

> **Technologisches pädagogisches Inhaltswissen:** Welche Aspekte des Fachwissens lassen sich wie mit digitalen Medien vermitteln und welches technologische Wissen benötigen Schülerinnen und Schüler dazu? Beispiel: Wie kann ich das Thema »Der menschliche Körper« so in Gruppen erarbeiten und mit einem Wiki dokumentieren lassen, dass Schülerinnen und Schüler motiviert und effizient lernen? ☞ w2273

Vereinfacht formuliert benötigen Lehrerinnen und Lehrer technische, mediendidaktische und medienfachdidaktische Aus- und Weiterbildung. Diese Aus- und Weiterbildung kann nicht ausschließlich durch Expertinnen und Experten im Bereich Mediendidaktik erteilt werden, sondern benötigt den Bezug zur Fachdidaktik. Dies gilt nicht nur für Lehrkräfte, sondern auch für Dozierende in der Aus- und Weiterbildung von Lehrkräften. Auch dort kann der Aspekt der Digitalisierung nicht nur an spezialisierte Dozierende delegiert werden, sondern muss von allen Dozierenden berücksichtigt werden.

Weiterbildung zur Vermittlung des Digitalen als Thema

Die bisher beschriebene Weiterbildung betrifft den Einsatz digitaler Medien im Unterricht, also den Bereich der Mediendidaktik. Zur Vermittlung des Digitalen als Thema (siehe Kapitel 5) benötigen Lehrerinnen und Lehrer weitere Kompetenzen (siehe Abbildung 7.5).

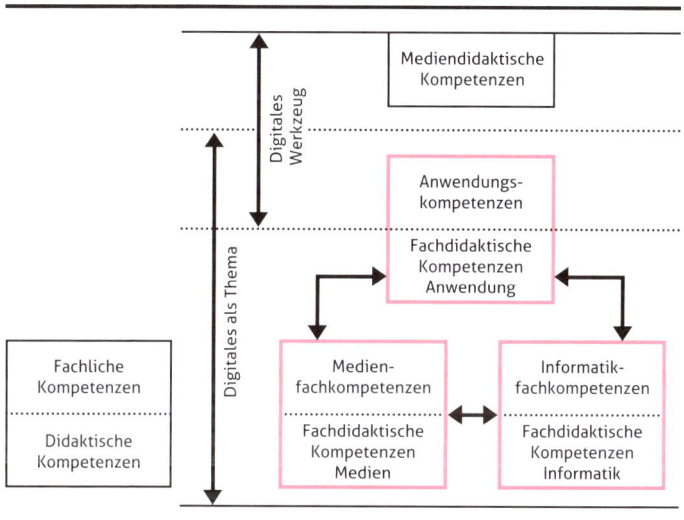

Abbildung 7.5: *Notwendige Kompetenzen von Lehrerinnen und Lehrern zur Vermittlung des Digitalen als Thema*

Gemäß der Aufteilung des Themas in Anwendungs-, Medien- und Informatikkompetenzen müssen Lehrerinnen und Lehrer in allen drei Bereichen zunächst über eigene fachliche Kompetenzen verfügen, um sich danach auch die entsprechenden fachdidaktischen Kompetenzen aneignen zu können. Konkret bedeutet dies beispielsweise, dass eine Lehrkraft die Informatik zunächst selbst verstehen muss, bevor sie sich mit der Informatikdidaktik beschäftigen kann, da sie weder während ihrer eigenen Schulzeit noch während der Ausbildung zur Lehrkraft Informatikunterricht hatte.

Einfache Forderung – schwierige Umsetzung!

Es ist nicht nur eine Frage der zeitlichen und finanziellen Ressourcen, solche Aus- und Weiterbildungen zu veranstalten. Es ist auch eine Herausforderung, diese zielführend zu organisieren. Für die allgemeine Förderung der Schulkultur und einer gemeinsamen ICT-Strategie sowie der tatsächlichen Nutzung der vor Ort verfügbaren ICT-Infrastruktur wären schulinterne Weiterbildungen wünschenswert. Es ist frustrierend, in einem externen Kurs etwas zu lernen, was mit der schuleigenen Infrastruktur gar nicht umsetzbar ist. Gegen schulinterne Weiterbildungen sprechen jedoch das extrem große Spektrum an Vorwissen und die stufen- und fachspezifischen Bedürfnisse der Lehrerinnen und Lehrer. Kindergärtner und Kindergärtnerinnen haben andere Bedürfnisse bezüglich ICT als Klassenlehrkräfte einer fünften oder sechsten Klasse, eine ICT-Weiterbildung für Physiklehrkräfte ist für Deutschlehrerinnen und -lehrer nur bedingt hilfreich.

Die Jungen werden es schon richten!

Angesichts dieser enormen Herausforderungen ist oft zu hören, dass die aktuelle Generation von Lehrkräften pensioniert werden müsse, bis sich dank der jungen Lehrerinnen und Lehrer etwas ändern werde. Diese Einstellung ist in verschiedener Hinsicht problematisch. Abgesehen davon, dass damit bis zur vollständigen Integration des heutigen Standes der Digitalisierung in die Schule etwa vierzig Jahre verstreichen würden, ist die technologische Entwicklung ja nicht abgeschlossen, sondern vollzieht sich währenddessen weiter. Diese Haltung geht auch von einem nicht unumstrittenen Generationenmodell aus, das annimmt, dass Jüngere generell technikaffiner seien als Ältere. Es gibt durchaus ernstzunehmende Kritiker dieses Modells, wie Rolf Schulmeister ☞ p317, den Vater der deutschsprachigen E-Learning-Forschung, der die Existenz einer *net generation* anzweifelt ☞ b3358. Zudem zeichnet sich eine für die Integration des Digitalen problematische Selbstselektion der Studierenden ab. Angehende Lehrerinnen und Lehrer sind im Vergleich zu gleichaltrigen Studierenden nicht besonders medienaffin ☞ a1166, ☞ t14704.

Föderalismus im deutschsprachigen Bildungswesen

Neben den bisher beschriebenen inhaltlichen Herausforderungen gilt es, auch das föderalistische Bildungssystem in den deutschsprachigen Ländern zu berücksichtigen. Mit dem Bildungswesen Unvertraute möchten meist ihre Lösungsvorstellungen sofort per Dekret umgesetzt sehen und stellen dann erstaunt bis erbittert fest, wie ihre Forderungen auf zahlreiche Hierarchieebenen aufgeteilt und einzeln verwässert werden. Das im Bildungswesen vorherrschende Subsidiaritätsprinzip entspricht eben nicht dem informatischen Prinzip von »Teile und herrsche«, sondern könnte eher als Teile-und-schwäche-Prinzip eines auf Bewahren bedachten Systems Schule gedeutet werden.

Nicht nur im Bereich des Digitalen ergibt sich meist die Situation, dass eine übergeordnete Stelle zu koordinieren und vereinheitlichen versucht, während die unterstellten Organisationseinheiten auf ihre Autonomie pochen und hinter vorgehaltener Hand andeuten, die da oben hätten von der Schulpraxis keine Ahnung. Abbildung 7.6 zeigt exemplarisch die mindestens fünf beteiligten Hierarchieebenen in der Grund- oder Primarschule. Sollen Lehrerinnen und Lehrer Clouddienste für Schulzwecke nutzen dürfen? Angefangen beim Datenschützer des Bundes, über die Datenschützer der Kantone bis hin zur Schulleitung einer einzelnen Schule haben alle eine Meinung, während sich die Lehrkraft letztlich auf ihre Lehrfreiheit beruft. Zusätzlich verkompliziert sich die Sache, wenn es um Finanzierungsfragen geht, also übergeordnete Ebenen inhaltliche Vorgaben machen, die auf untergeordneten Ebenen finanzielle Konsequenzen haben. So werden Lehrpläne auf Ebene der Kantone und Bundesländer verordnet, ICT-Ausstattungen sind aber in den meisten Schulstufen eine kommunale Angelegenheit. In der Praxis führt dies mitunter zu vorauseilendem Gehorsam der eigentlich übergeordneten Stelle aus Angst vor finanziellen Forderungen. Kantone oder Bundesländer trauen sich nicht, inhaltlich eigentlich erforderliche Vorgaben zu publizieren, weil sie befürchten, dass sich die kommunale Ebene bezüglich notwendiger ICT-Ausstattung wehren oder gar an die Bundesländer oder Kantone wenden könnte.

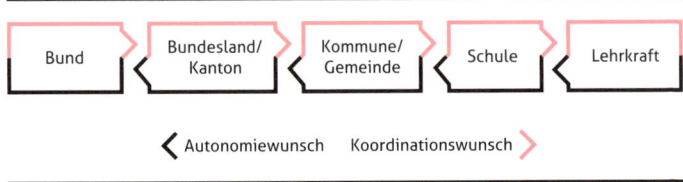

Abbildung 7.6: *Koordinations- und Autonomiewunsch auf verschiedenen politischen Ebenen* ☞ t7383

Während also in anderen Ländern das staatliche Bildungsministerium eine digitale Initiative ausrufen und vorschreiben kann, ist dies in Deutschland, Österreich und der Schweiz nicht so einfach möglich. Dies erklärt zu einem gewissen Teil, warum die Situation in den deutschsprachigen Ländern sich so heterogen präsentiert. Der Föderalismus im Bildungswesen hat aber auch seine positiven Aspekte: Es hängt nicht von einer einzigen staatlichen Stelle ab, ob und wie digitale Medien in die Schule integriert werden. Dies ermöglicht mehr Experimente und bietet die Chance, von anderen Strategien und Umsetzungsvarianten zu lernen. Zudem tendieren zentralistisch organisierte Systeme dazu, groß, komplex und damit schwerfällig zu werden. Sie können damit, wie oben beschrieben, die nächste Innovation verhindern.

Fazit

Auch für die Integration des Digitalen in der Schule gilt: Es geht um mehr als nur um 0 und 1. Es gibt keinen einzelnen Schalter, den man umlegen und damit das System Schule in die digitale Welt katapultieren könnte. Stattdessen sind viele einzelne Schritte auf allen Ebenen vonnöten – ein langwieriger Prozess, den auszuhalten oft einiges an Geduld und Frustrationstoleranz erfordert.

Kernaussagen

> In einer digitalisierten Welt kommt eine Schule nicht ohne WWW aus:
> > den Willen der Lehrkraft,
> > sich auf die Digitalisierung einzulassen,
> > das Wissen, wie dies zu tun ist, und
> > die digitalen Werkzeuge für alle Lernenden.

> Menschen reagieren unterschiedlich auf Innovationen.
> Sie müssen mit unterschiedlichen Methoden überzeugt werden.

> Die Innovatoren von gestern sind oft die Skeptiker von heute.

> ICT-Weiterbildung ist vielfältig und komplex.
> Sie erfordert mehr Planung als andere Weiterbildungen.

> Es ist ein Irrtum, in der kommenden Generation von Lehrkräften
> die Lösung zu sehen.

> Föderalismus und Subsidiaritätsprinzip in deutschsprachigen
> Bildungssystemen verhindern einheitliche Initiativen, ermöglichen
> dafür mehr Experimente und erhöhen die Flexibilität.

> Die Integration des Digitalen in der Schule ist ein komplexer
> und langwieriger Prozess, der sich nicht mit einer Einzelmaßnahme
> erreichen lässt.

Lesenwerte Kritiken des Digitalen

> Andrew Keen (2015): *Das digitale Debakel* ☞ **b5888**

> Alexander Markowetz (2015): *Digitaler Burnout* ☞ **b6041**

> Frank Schirrmacher (2015): *Technologischer Totalitarismus* ☞ **b6093**

> Jaron Lanier (2013): *Wem gehört die Zukunft?* ☞ **b5204**

> Evgeny Morozov (2013): *Smarte neue Welt – Digitale Technik und die Freiheit des Menschen* ☞ **b5182**

> Kathrin Passig und Sascha Lobo (2013): *Internet: Segen oder Fluch* ☞ **b5026**

> Douglas Rushkoff (2013): *Present Shock: When Everything Happens Now* ☞ **b5240**

> Sherry Turkle (2011): *Allein unter 100 Freunden* ☞ **b4411**

> Douglas Rushkoff (2010): *Program or Be Programmed* ☞ **b4175**

> Frank Schirrmacher (2009): *Payback* ☞ **b3957**

> Eli Pariser (2006): *The Filter Bubble – Wie wir im Internet entmündigt werden* ☞ **b4606**

Weiterführende Literatur

> Gunter Dueck (2013): *Das Neue und seine Feinde – Wie Ideen verhindert werden und wie sie sich trotzdem durchsetzen* ☞ **b5093**

Alle zitierten Quellen dieses Kapitels finden Sie unter ☞ **t16007**.

WIE VIELE COMPUTER BRAUCHT ES IN DER SCHULE?

Am Sichtbarsten wird die Digitalisierung in der Schule durch digitale Geräte. Oft erwecken Medienberichte gar den Anschein, mit der Beschaffung entsprechender Gerät sei dieser Prozess bereits erfolgreich abgeschlossen. Wohl bekannt sind die Bilder von fröhlichen Kindern hinter einer Reihe von Bildschirmen oder Lehrkräfte vor imposanten interaktiven Whiteboards, die wie Altäre die Schulzimmer beherrschen. Doch obwohl weder Computer noch Wandtafel allein den Unterricht verbessern, ist die Diskussion relevant, welche digitale Infrastruktur in der Schule vorhanden sein sollte. Die Frage, wie viele Computer pro Schulklasse notwendig sind, bewegt seit bald zwanzig Jahren die Gemüter; und zur Wahl der »richtigen« Infrastruktur finden regelmäßig intensive Grabenkämpfe statt. In diesem Kapitel wird – trotz des raschen technologischen Wandels – ein Überblick zur technischen Ausstattung von Schulen geboten. Im Zentrum stehen dabei die Konzepte Eins-zu-eins-Ausstattung, *bring your own device* (BYOD) und *cloud computing.*

Wie es zum heutigen Chaos kam

Abbildung 8.1 zeigt die Phasen der schulischen ICT-Ausstattung der letzten dreißig Jahre. Vor der Markteinführung des ersten IBM-PCs sind Computer an Schulen eine Ausnahmeerscheinung. Einzelne Gymnasien haben das Glück, via Terminal Zugang zu Großrechnern der benachbarten Universität zu erhalten. Zehn Jahre später werden auf der Sekundarstufe I und II vielerorts unvernetzte Computerräume eingerichtet, ironischerweise nicht selten auf den Ruinen der ehemaligen Sprachlabore, der letzten missglückten Verheißung technologiebasierten Lernens. In Grundschulen werden Medienecken eingerichtet. Wieder ein Jahrzehnt später hält das Internet Einzug in die Schulen, zumindest wenn man den Medienmitteilungen der staatlichen Initiativen wie »Schulen ans Netz« (Deutschland) oder »Schule im Netz« (Schweiz) Glauben schenkt. Das Internetkabel wird bis ins Schulhaus gelegt und die Schulträger stehen vor der Herausforderung, ihre Schulhäuser zu vernetzen. Sie beginnen, eigene Server in den Keller zu stellen. Schulische ICT wird zu einer logistischen und finanziellen Herausforderung. Hard- und Software werden immer zahlreicher und vielfältiger. Server, Beamer, Drucker, Scanner, digitale

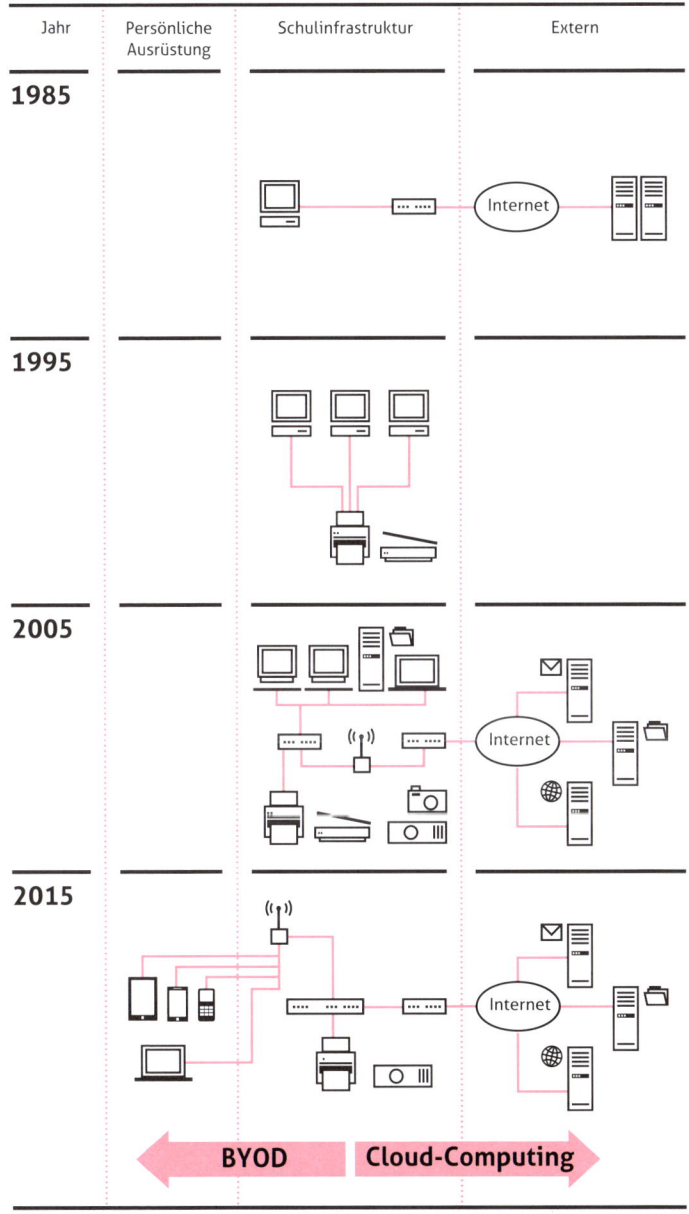

Jahr	Persönliche Ausrüstung	Schulinfrastruktur	Extern
1985			
1995			
2005			
2015			

BYOD   **Cloud-Computing**

Abbildung 8.1: *Phasen der schulischen ICT-Ausstattung 1985 bis 2015*

Fotoapparate und vieles mehr kosten nicht nur bei der Anschaffung, sondern auch im Betrieb ☞ a254. Kostentreibend sind dabei nicht die klassischen Verbrauchskosten für Papier und Toner, sondern der technische Support und die notwendigen räumlichen Ressourcen zum Betrieb und zur sicheren Aufbewahrung der digitalen Infrastruktur. So benötigen Server ab einer gewissen Größe einen klimatisierten Raum, Klassensätze von Notebooks sollten zudem möglichst diebstahlsicher aufbewahrt werden, aber gleichzeitig geladen werden können. Schulen und Schulträger verfügen weder über strategisches noch über operatives ICT-Know-how und sind mit zunehmend komplexeren Fragen des ICT-Managements konfrontiert. Die Diskussionen, wie viel der Betrieb der ICT-Infrastruktur kosten darf und welche Kombination von internem und externem Support am effizientesten ist, dauern bis heute an. Was wünschbar und was machbar ist, unterscheidet sich meist enorm.

Schulen sind keine Unternehmen

Noch heute wird oft versucht, den Schulen bewährte Unternehmens-ICT-Lösungen zu verkaufen. Dabei wird übersehen, dass Schulen bezüglich ICT-Infrastruktur andere Anforderungen haben als Unternehmen ☞ a279: Schulen arbeiten mit mehr Software als die meisten Unternehmen, verarbeiten mehr multimediale Daten und haben aufgrund ihres fixen Stundenplans größere Belastungsspitzen. In einem Unternehmen starten nicht alle Arbeitnehmer exakt um 8.15 Uhr ihren Computer oder laden auf Kommando eine neue multimediale Unterrichtseinheit herunter.

Die Verfügbarkeit der Geräte ist Voraussetzung für deren Einsatz

In der bildungspolitischen Diskussion sind ICT-Infrastrukturfragen seit dem Ende der Public-private-Partnership-Förderinitiativen weitgehend von der Bildfläche verschwunden. »Inhalt vor Technik« lautet die aufs Erste verständliche, aber auch gefährliche Argumentation. Rasch verfügbare und zuverlässig funktionierende digitale Infrastruktur ist weiterhin eine wichtige Voraussetzung für den alltäglichen Einsatz von digitalen Medien im

Unterricht. Gemäß dem im letzten Kapitel vorgestellten Will-Skill-Tool-Modell ☞ w2274 von Knezek et al. sind zu wenige Geräte für Lernende eines der drei Faktorenbündel, die den vergleichsweise geringen Einsatz von digitalen Medien in der Schule vorhersagen können. Auch in aktuelleren Untersuchungen beklagen sich sowohl Lehrkräfte als auch ICT-Verantwortliche, dass den Lernenden zu wenige Computer zur Verfügung stehen ☞ a950.

Jederzeit mindestens ein persönliches Gerät zur Verfügung haben

Wie bei Schulbüchern, Arbeitsheften und anderen Unterrichtshilfsmitteln längst selbstverständlich, ist es unumgänglich, dass alle Lernenden jederzeit Zugriff auf mindestens ein persönliches, digitales, vernetztes Gerät haben. Erst wenn sich Lehrkräfte und Lernende keine Gedanken mehr machen müssen, ob ein digitales Gerät verfügbar ist, wird dessen Einsatz wirklich alltäglich (siehe dazu das Flatrate-Prinzip in Anhang A). Dies erklärt auch, warum Computerräume und Notebookpools keine echte Eins-zu-eins-Ausstattungen sind: Bei diesen Ausstattungsvarianten muss sich die Lehrkraft weiterhin Gedanken machen, ob für den Unterricht digitale Geräte nützlich sein könnten – und die Schülerinnen und Schüler werden gerade dieser Überlegung beraubt. In Eins-zu-eins-Umgebungen werden die Geräte oft spontan für 30 Sekunden eingesetzt: Rasch ein Foto machen, einen Begriff nachschlagen oder die Hausaufgaben in den Kalender eintragen. In diesem Sinne ist die rhetorische Frage von Seymour Papert zu verstehen, ob denn Technologie den Unterricht prägen dürfe: »Tut sie, aber: Was wir heute lehren, ist determiniert durch die Technik von gestern.« ☞ t285

Genau so relevant wie »jederzeit« ist auch der Aspekt »persönlich«. Persönliche Geräte werden erfahrungsgemäß sorgfältiger behandelt als Poolgeräte. Sie lassen sich auf die individuellen Bedürfnisse und Vorlieben der Schülerinnen und Schüler einstellen und speichern Arbeitsergebnisse und Lernstände direkt auf dem Gerät, sodass sie immer zur Verfügung stehen. Persönliche Geräte werden eher Teil der persönlichen Lernumgebung von Schülerinnen und Schülern als Poolgeräte. Sie werden damit zu einer Erweiterung der menschlichen Sinne, wie dies der Medientheoretiker Marshall McLuhan formuliert hat ☞ **b501**.

Eine Eins-zu-eins-Ausstattung bedeutet jedoch im Umkehrschluss keineswegs, dass die digitalen Geräte dauernd im Einsatz sind und computerlose Tätigkeiten komplett verdrängt werden ☞ **a1044**. Wir müssen uns erst noch an den Gedanken gewöhnen, dass uns die ständige Verfügbarkeit digitaler Geräte im Unterricht nicht zu deren ständiger Nutzung zwingt. Bei Wandtafeln ist das selbstverständlich. Niemand kommt auf die Idee, sie in jeder Lektion einzusetzen, nur weil eine im Schulzimmer hängt. Zudem stellen Medienecken, Notebookpools und noch stärker Computerräume unnötigerweise die Technik in den Vordergrund. Schülerinnen und Schüler erwarten beispielsweise beim Gang in den Computerraum, dass nun mit dem Computer gearbeitet werden muss. Liegt das Digitalgerät jedoch wie Schreibstifte, Hefte und Schulbücher auf dem Pult, ist Technik nichts Besonderes mehr. Es rücken inhaltliche Überlegungen in den Vordergrund und die Frage, welches Werkzeug im konkreten Fall zweckdienlicher ist.

Vision »One Laptop per Child«

Eins-zu-eins-Ausstattungen sind weder eine neue Forderung noch ein neues Phänomen. Der deutsche Informatikprofessor Klaus Haefner forderte bereits 1982, die Lernenden seien mit persönlicher Informationstechnik im Umfang von 100 D-Mark pro Jahr auszustatten, was gemäß Haefners Berechnungen weniger als 2 Prozent der jährlichen Bildungsausgaben ausgemacht hätte ☞ **t2321**. Um die Jahrhundertwende wurden in deutschsprachigen Ländern auf der Sekundarstufe II zahlreiche Projekte mit persönlichen Notebooks ☞ **w753** initiiert und auch mit durchaus positiven Ergebnissen evaluiert ☞ **b1242**, ☞ **b2818**, ☞ **b3327**. Bis vor Kurzem sind Eins-zu-eins-Projekte in deutschsprachigen Schulen aber nicht wesentlich über die Phase von Pilotprojekten hinausgekommen. In den vergangenen Jahren waren es vor allem Entwicklungs- und Schwellenländer, die mit großflächigen Eins-zu-eins-Projekten von sich reden machten. Im Jahr 2005 stellte Nicholas Negroponte, der damalige Leiter des MIT Media Labs, am Weltwirtschaftsforum (WEF) in Davos die Vision eines

Laptops für Entwicklungsländer vor. Bildung und der Zugang zu Wissen seien die besten Formen von Entwicklungshilfe in der Informationsgesellschaft, so seine Idee. Die Geräte des »One Laptop per Child« (OLPC) ☞ w2041 genannten Projekts sollten den Entwicklungsländern nicht kostenlos zur Verfügung gestellt, sondern durch diese gekauft werden. Dies garantiere, dass die Projekte durch die beteiligten Staaten auch ernstgenommen würden. Bei einer geplanten Verkaufsmenge von 20 Millionen Geräten, der Verwendung von innovativen Technologien und dem Verzicht auf Marketing und Gewinn sollte es möglich sein, einen Gerätepreis von 100 US-Dollar zu erreichen. 2005 wurde Negroponte in Davos belächelt. Jedermann wisse, dass Notebooks 1000 und nicht 100 US-Dollar kosten würden. Der Chiphersteller Intel zeigte kein Interesse, Chips für das geplante Notebook zu liefern, auch Microsoft wollte keine abgespeckte Version seines Betriebssystems zur Verfügung stellen.

Ein Jahr später, am WEF 2006, konnte Nicholas Negroponte einen lauffähigen Prototyp vorzeigen und hatte damit einen ersten Beweis für die Ernsthaftigkeit seines Projekts erbracht. Das Gerät war spezifisch für die Bedürfnisse von Schülerinnen und Schülern in Entwicklungsländern entwickelt worden: Ein sehr geringer Stromverbrauch, ein auch in prallem Sonnenlicht lesbarer Bildschirm oder die Reduktion der benötigten Bauteile um 75 Prozent waren einige der innovativen technischen Eigenschaften des OLPC-Laptops.

Bis zum Jahr 2013 wurden zwar nicht wie geplant 20 Millionen, sondern nur etwas mehr als zwei Millionen Geräte an Schülerinnen und Schüler in Entwicklungs- und Schwellenländern verteilt, aber der Beweis war erbracht, dass sich kostengünstige Notebooks herstellen und flächendeckend einsetzen lassen. Wie bei jedem Medieneinsatz zeigte sich auch bei OLPC-Projekten rasch, dass es mit reiner Hardwareverteilung nicht getan war. Entsprechend durchwachsen fielen auch die ersten Evaluationsberichte von OLPC-Projekten aus. Beeindruckend ist aber beispielsweise die Entwicklung in Uruguay. Von 2007 bis 2009 verteilte der Staat 400 000 OLPC-Laptops an alle Schülerinnen und Schüler der Klassen eins bis sechs, im August 2012 waren 570 000 Geräte von der ersten bis zur neunten Klasse im Einsatz. Als Maßnahme zur Weiterbildung der Lehrkräfte wurde unter anderem ein Fernsehkanal aufgebaut, der täglich darüber berichtete, wie die Geräte genutzt und sinnvoll im Unterricht eingesetzt werden können ☞ t12498.

Spätestens hier stellt sich die Frage, warum in einem Schwellenland wie Uruguay ein solches Projekt umsetzbar ist, während in den deutschsprachigen Ländern argumentiert wird, die Kosten dafür seien zu hoch.

Bring your own device

Die Ausgangslage in Entwicklungs- und Schwellenländern sei mit derjenigen in deutschsprachigen Ländern nicht vergleichbar, wird oft argumentiert. Das ist tatsächlich so – aber ein Aspekt der unterschiedlichen Ausgangslage bietet für hochentwickelte Ländern eine andere Lösungsmöglichkeit für die Infrastrukturfrage. In diesen Ländern ist die persönliche Ausstattung von Kindern und Jugendlichen mit Digitaltechnologie in den letzten Jahren stark gestiegen. Im Jahr 2014 besaßen in deutschsprachigen Ländern über 95 Prozent der zwölf- und dreizehnjährigen Jugendlichen ein eigenes Mobiltelefon. Der Anteil an Smartphones nimmt dabei so rasch zu, dass gar keine verlässlichen aktuellen Statistiken dazu verfügbar sind. Neben Mobiltelefonen verfügen Kinder und Jugendliche in den deutschsprachigen Ländern auch zunehmend über persönliche Notebooks und weitere Digitalgeräte wie Tablets und Handhelds. Es ist zu erwarten, dass diese Entwicklung noch ein paar Jahre anhält und die Altersgrenze, ab welcher 95 Prozent der Lernenden über mindestens ein persönliches Gerät verfügen, weiter sinken wird. Damit stellt sich die Frage, warum an vielen Schulen einerseits mit viel Geld versucht wird, den Schülerinnen und Schülern digitale Geräte für den Unterricht zur Verfügung zu stellen, während man ihnen andererseits verbietet, ihre eigenen Digitalgeräte mit in die Schule zu bringen.

Die attraktiv klingende Alternative heißt *bring your own device*, kurz BYOD ☞ w2286. Das bedeutet, dass Schülerinnen und Schüler ihre privaten Geräte mit in die Schule bringen. Dies ist an vielen deutschsprachigen Hochschulen und technischen Berufsfachschulen bereits Realität. An einigen pädagogischen Hochschulen in der Schweiz existiert seit mehreren Jahren ein Notebook-Obligatorium für angehende Lehrerinnen und Lehrer. Damit wird Studierenden als auch Dozierenden deutlich gemacht, dass digitale Werkzeuge und Medien heute zum Berufsalltag einer Lehrkraft gehören. Aber auch ohne offizielles Obligatorium herrscht an den meisten Hochschulen eine beinahe hundertprozentige Abdeckung mit persönlichen Digitalgeräten. Neben einem Smartphone bringen die Studierenden meist noch ein Notebook oder ein Tablet mit an die Hochschule. Diese sehen sich im Jahr 2014 mit 2,5 internetfähigen Digitalgeräten pro Studentin oder Student konfrontiert und rechnen bei der Netzwerkplanung für 2016 mit fünf Geräten pro Person.

Daran lässt sich auch erkennen, dass der Begriff »Eins-zu-eins-Ausstattung« bereits veraltet ist, bevor er sich wirklich etablieren konnte. Er bleibt trotzdem relevant, denn das Erreichen einer Eins-zu-eins-Ausstattung markiert einen Paradigmenwechsel, während die Erhöhung der Gerätedichte vor dieser Schwelle nur graduelle Veränderungen darstellt. Bei einer Eins-zu-eins-Ausstattung kippt die Situation. Ab dann sind digitale Geräte wirklich alltäglich. Inhaltliche und didaktische Fragen statt logistischer Probleme stehen im Vordergrund. »Eins-zu-eins-Ausstattung« lässt sich somit als technokratische Metapher für die Aussage »Liebe Schule, digitales Lernen und Arbeiten ist alltäglich« verstehen.

Varianten von BYOD und Eins-zu-eins-Ausstattung

Um die Potenziale von Eins-zu-eins-Ausstattung und BYOD besser abschätzen zu können, ist erst eine Präzisierung der Begriffe notwendig. Die beiden Begriffe zielen nämlich auf unterschiedliche Aspekte ab. »Eins-zu-eins-Ausstattung« sagt etwas über das Verhältnis von digitalen Geräten zu Lernenden aus, während sich BYOD auf die Finanzierung der Geräte bezieht. Abbildung 8.2 zeigt, dass die beiden Begriffe Überlappungsbereiche aufweisen, die beiden Konzepte aber auch einzeln umsetzbar sind.

Konzeptionell lassen sich bezüglich der Gerätefinanzierung vier Varianten unterscheiden. Jede dieser Finanzierungsvarianten kann nun unterschiedlich homogen umgesetzt werden, siehe Abbildung 8.2 oben. Im Extremfall gibt die Schule exakt ein Computermodell vor, sodass alle Schülerinnen und Schüler das gleiche Gerät zur Verfügung haben. Etwas lockerer sind die Vorgaben, wenn nur noch das Betriebssystem vorgegeben ist, die genaue Ausstattung jedoch offenbleibt. Noch heterogener wird die ICT-Infrastruktur, wenn die Schule nur noch Vorgaben macht, über welche Funktionen die Geräte verfügen müssen. Die offenste Variante ergibt sich schließlich dann, wenn die Schule gar keine Vorgaben macht, sondern alle Geräte zulässt.

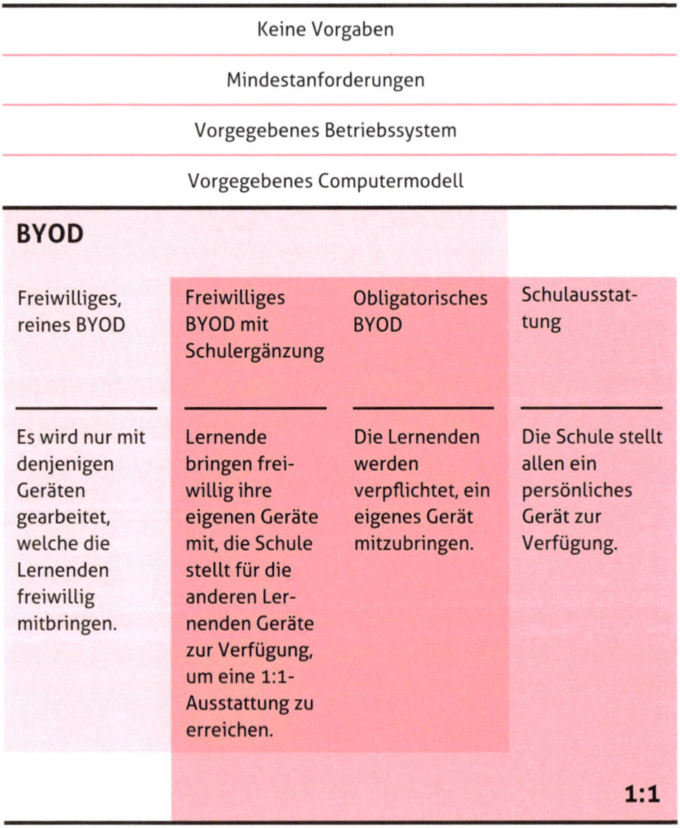

| Keine Vorgaben |
| Mindestanforderungen |
| Vorgegebenes Betriebssystem |
| Vorgegebenes Computermodell |

BYOD

Freiwilliges, reines BYOD	Freiwilliges BYOD mit Schulergänzung	Obligatorisches BYOD	Schulausstattung
Es wird nur mit denjenigen Geräten gearbeitet, welche die Lernenden freiwillig mitbringen.	Lernende bringen freiwillig ihre eigenen Geräte mit, die Schule stellt für die anderen Lernenden Geräte zur Verfügung, um eine 1:1-Ausstattung zu erreichen.	Die Lernenden werden verpflichtet, ein eigenes Gerät mitzubringen.	Die Schule stellt allen ein persönliches Gerät zur Verfügung.

1:1

Abbildung 8.2: *Varianten von BYOD und Eins-zu-eins-Ausstattungen an Schulen*

Fünf Argumente für BYOD in der Schule

Könnte nun also bezüglich BYOD auch an Schulen funktionieren, was in Hochschulen zunehmend Alltag ist? Es gibt mindestens fünf Argumente, die für das Mitbringen privater Geräte in die Schule sprechen:

> Das offensichtlichste ist das ökonomische Argument: Warum soll die Schule Geld für Hard- und Software ausgeben, wenn die meisten Schülerinnen und Schüler diese bereits besitzen? Damit ist weder die Frage der Chancengerechtigkeit gelöst, noch muss die Schule damit weniger für ICT-Infrastruktur ausgeben. Sie kann das Geld aber für Netzwerk- und Präsentationsinfrastruktur und für den Support verwenden, anstatt für bereits privat ausgestattete Schülerinnen und Schülern weitere Geräte zu beschaffen. ☞ a1172

> Diese Überlegung gilt nicht nur ökonomisch, sondern auch ökologisch: Digitalgeräte benötigen Rohstoffe, insbesondere seltene Erden. Deren Herstellung verschlingt mehr Energie, als die Geräte während des Betriebs benötigen werden. Es ist deshalb ressourcenschonender, die privat bereits vorhandenen Geräte zusätzlich in der Schule zu nutzen. ☞ a1171

> Das dritte Argument ist medienpädagogischer Natur: Schülerinnen und Schüler sollen lernen, sich kompetent in der digitalen Welt zu bewegen. Dazu gehört ab einem gewissen Alter auch die Pflege der eigenen analogen und digitalen Arbeitsumgebung. Es ist zudem eine medienpädagogische Chance (aber durchaus auch eine Herausforderung), wenn Schülerinnen und Schüler ihre private digitale Medienwelt gleichsam in die Schule bringen und damit lebensnahe Beispiele ermöglichen. ☞ a1230

> Bei schulischen Computerkäufen drohen stets heftige Grabenkämpfe um das geeignetste Computermodell oder Betriebssystem. Mit BYOD muss sich die Schule nicht zwingend auf ein Computermodell oder einen Hersteller festlegen und kann sich somit aus entsprechenden Diskussionen heraushalten. Bei BYOD sind es je nach Alter die Schülerinnen oder Schüler oder deren Eltern, die sich für ein bestimmtes System und die damit verbundenen Konsequenzen entscheiden.

Egal, ob die Präferenz auf Design, Leistungsfähigkeit, Offenheit oder faire Herstellungsbedingungen gelegt wird: individuelle Entscheidungen führen zur Wahl eines Modells, die Schule besitzt kein Entscheidungsmonopol. Offen bleibt die Frage, ob die Schule dennoch Empfehlungen abgeben sollte, da gewisse Schülerinnen und Schüler sowie ihre Eltern diesbezüglich über wenig Erfahrung verfügen. ☞ a1231

> Bei obligatorischen Eins-zu-eins-Ausstattungen, egal ob privat oder schulisch finanziert, herrscht ein gewisser Erwartungsdruck, dass die beschafften Geräte auch häufig eingesetzt werden und sich dadurch der Unterricht verändert. Dieser Erwartungsdruck kann Lehrkräfte abschrecken. Freiwilliges BYOD erlaubt hingegen das dosierte Experimentieren mit persönlichen Geräten im Schulzimmer. Da niemand explizit für den Schulgebrauch Geräte beschafft hat, stört sich niemand daran, wenn BYOD zum Beispiel nur probeweise an einem Tag der Woche praktiziert wird. ☞ a1232

Herausforderungen von BYOD

Mit BYOD sind aber nicht einfach alle ICT-Infrastrukturprobleme von Schulen gelöst. Die Einführung von BYOD birgt auch einige Herausforderungen. Wenn alle ihre eigenen Geräte mitbringen, wird die ICT-Infrastruktur heterogen, was technische, organisatorische und didaktische Konsequenzen hat. Die schulische ICT-Infrastruktur (Netzwerk, Drucklösung, Präsentationslösung) kann sich nicht mehr auf die Bedienung eines Betriebssystems beschränken, sondern muss möglichst offenen Standards genügen. Wenn nicht alle das gleiche Gerät besitzen, sind Ersatzgeräte und Zubehör wie Kabel und Netzteile nicht mehr so einfach verfügbar wie bei einem homogenen Gerätepark. Und wenn die Schülerinnen und Schüler nicht identische Hard- und Software haben, kann die Lehrkraft die Abläufe im Unterricht auch nicht so detailliert planen – eine Befürchtung, die derzeit viele Lehrerinnen und Lehrer bezüglich BYOD haben. Die Erfahrungen aus dem Projekt »Brings mIT!« ☞ w2426 an der Projektschule Goldau ☞ w2462 zeigen aber bisher, dass der Schritt von einer homogenen Eins-zu-eins-Ausstattung zu einer heterogenen BYOD-Situation nicht allzu groß ist. Ab der fünften Klasse, so die Erkenntnis nach zwei Jahren, ist eine Klasse als Gruppe fähig, die Geräte selbst zu betreuen, nachdem sie zu Beginn der schulischen Nutzung einmalig richtig konfiguriert worden sind. Die wesentlichen Potenziale von persönlichen Digitalgeräten liegen zudem in den meisten Schulstufen und -fächern weniger bei den schulspezifischen Programmen. Solange digitale Schulbücher noch keine größere Verbreitung gefunden haben (siehe dazu Kapitel 9), sind persönliche Geräte im Bereich der Allgemeinbildung primär digitale Mehrzweckwerkzeuge, vergleichbar mit einem Schweizer Taschenmesser. Damit haben alle Schülerinnen und Schüler ihre eigene Foto- und Videokamera samt Diktiergerät, Taschenrechner, Stoppuhr, Notizheft, Wörterbuch, Nachschlagewerk oder Kompass stets dabei – inklusive Internetzugang. Diese Funktionen sind auf heutigen Geräten alle unabhängig von Modell und Betriebssystem verfügbar, der Austausch von Daten wie Text, Bild, Ton und Video funktioniert dank herstellerunabhängigen Standards auch über Betriebssystemgrenzen hinweg.

Chancengerechtigkeit

Differenzierter betrachtet werden muss die Frage der Chancengerechtigkeit. Der oft gehörte Vorwurf lautet, BYOD gefährde die Chancengerechtigkeit, da Kinder reicher Eltern eher über leistungsfähige Digitalgeräte verfügen würden als Kinder ärmerer Eltern ☞ f148. Während dies einerseits nicht mehr so pauschal stimmt, lässt sich andererseits entgegnen, dass diese Unterschiede auch bestehen, ohne dass die Schule BYOD erlaubt. Im Gegenteil könnte BYOD dazu führen, dass die Schule sich Gedanken macht, wie sich diese Unterschiede ausgleichen lassen. Die Problematik angesagter Marken und Modelle gibt es nicht erst seit BYOD, sondern beispielsweise bei Markenkleidern schon seit langem. Doch greift diese Entgegnung zu kurz. Von Ausnahmen wie Schulreisen oder Sportlagern abgesehen gilt eigentlich der Grundsatz, dass der Schulbesuch kostenlos ist und der Staat für alle notwendigen Ausgaben aufzukommen hat. Daher muss je nach Region und Schulstufe nach differenzierten Konzepten gesucht werden, um Chancengerechtigkeit zu gewährleisten. Meist verfügen Schulen bereits über bewährte Lösungen für andere notwendige Ausgaben (Klassenfahrten, Schulgebühren usw.), auf die zurückgegriffen werden kann. Es gibt im deutschsprachigen Raum aber auch BYOD-Projekte, die auf eine Eins-zu-eins-Ausstattung verzichten und durch Partner- und Gruppenarbeiten dafür sorgen, dass jedes Team Zugriff auf die benötigten digitalen Geräte hat. Das mooresche Gesetz ☞ w862 dürfte dafür sorgen, dass dieser Aspekt zukünftig an Brisanz verlieren wird: bereits heute liegen die Preise von Tablets im Bereich von grafischen Taschenrechnern.

Cloud-Computing

Während BYOD die Schule mehrheitlich von der Last von Computerräumen und Medienecken befreien kann, bietet die zunehmende Vernetzung die Möglichkeit, die vielen Server aus den Schulhauskellern zu holen und an geeigneter Stelle die notwendigen Dienste durch Profis betreiben zu lassen. Für die meisten Anwendungsfälle sind Internetverbindungen heute so leistungsfähig und stabil, dass Serverdienste nicht mehr im Schulhaus betrieben werden müssen, sondern ins Internet – in die sogenannte Cloud ☞ w2102 – ausgelagert werden können. Bereits diese physische Verlagerung der Server entlastet Schulen vom Zwang, einen klimatisierten und sicheren Raum haben zu müssen. Aufgrund der steigenden Komplexität und der zunehmenden Anforderungen an Serverdienste ist es kaum mehr sinnvoll, wenn Schulen versuchen, solche Dienste selbst zu administrieren. Sinnvoller ist meist, diese Aufgaben an professionelle staatliche oder private Dienstleister auszulagern, auch wenn damit unter Umständen gewisse individuelle Freiheiten gefährdet sind. Zudem gilt auch bei Cloud-Computing das ökologische Argument: In größeren Anlagen werden die Ressourcen besser genutzt als in kleineren (Schul-)Lösungen.

Die Sicherstellung des Datenschutzes stellt Schulen aktuell vor ein Dilemma. Oft sind weit verbreitete und nutzungsfreundliche Dienste in Ländern angesiedelt, deren Datenschutzgesetze nicht das Schutzniveau des Nutzungslandes erreichen. Aus staatspolitischen Überlegungen müsste die Nutzung solcher Dienste in der Schule deshalb unterbunden werden, was aber pragmatisch betrachtet eher weltfremd ist: Fast alle Schülerinnen und Schüler nutzen den entsprechenden Dienst privat und oft auch für schulische Belange, während die offizielle Benutzung in der Schule oder durch Lehrkräfte jedoch untersagt und teilweise auch technisch unterbunden ist.

Eine zeitlose Empfehlung für schulische ICT-Infrastruktur: Einfachheit!

Die letzte Zeile in Abbildung 8.1 zeigt, dass mit BYOD und Cloud-Computing die in den letzten Jahrzehnten stark gewachsene und oft unübersichtlich gewordene schulische ICT-Infrastruktur wieder schlanker werden könnte. Diese Entwicklung ist zu begrüßen, denn die jahrelange Erfahrung mit schulischer ICT-Infrastruktur zeigt, dass ICT in der Schule dann genutzt wird, wenn sie sofort, einfach und flexibel genutzt werden kann. Informatiklösungen tendieren dazu, mit der Zeit immer komplexer zu werden. Sowohl Informatiker als auch Verwaltungsmitarbeitende meinen oft, die Bedürfnisse der Nutzerinnen und Nutzer detailliert zu kennen, und bewerten die Nutzungsfreundlichkeit von Computerlösungen höher, als sie von Lehrkräften und Lernenden wahrgenommen werden. Lernen hat jedoch mit Unbekanntem zu tun. Schulische Computerlösungen müssen somit möglichst offen und flexibel sein ⌕ a878, um einen unvorhergesehenen Einsatz zu ermöglichen. Und sie müssen möglichst einfach verwendbar sein, damit sich die Nutzenden auf die Lerninhalte fokussieren können. Absolut zuverlässig verfügbare Basisdienste sind für die Schule wertvoller als ausgefeilte Spezialfunktionen und -programme, die erst eine große Einarbeitungszeit erfordern.

Auch Lehrerinnen und Lehrer benötigen eine persönliche digitale Infrastruktur

Bisher war in diesem Kapitel nur von Schülerinnen und Schülern die Rede. Doch damit das Lernen und Arbeiten mit digitalen Medien in der Schule alltäglich wird, benötigen auch Lehrkräfte jederzeit Zugang zu entsprechender Infrastruktur ⌕ w1038. Die Ansprüche an diese ist in verschiedener Hinsicht größer als bei Schülerinnen und Schülern. Zur eben geäußerten Forderung nach Offenheit gesellt sich die Forderung nach erhöhter Zuverlässigkeit, hat doch der Ausfall oder Datenverlust bei Lehrkräften schwerwiegendere Konsequenzen. Da Lehrkräfte neben dem Unterricht auch administrative Arbeiten mit teilweise besonders schützenswerten Daten wie Noten oder psychologischen Beurteilungen von Schülerinnen und Schülern bearbeiten, muss der Datenschutz auch technisch sichergestellt werden. Lehrkräfte sollten die zur Ausübung ihres Berufs notwendigen Werkzeuge vom Arbeitgeber finanziert bekommen, so wie dies in den meisten anderen Berufen auch üblich ist. Dabei ist zu berücksichtigen, dass zu den Anschaffungskosten auch Supportkosten hinzukommen. Während ältere Schülerinnen und Schüler ihre persönlichen Geräte primär selbst betreuen, müssten die Lehrkräfte dazu ebenfalls in der Lage sein. Damit sie sich auf ihr Kerngeschäft konzentrieren können, ist es jedoch sinnvoll, dass sie professionelle Unterstützung beim Betrieb ihrer digitalen Infrastruktur erhalten.

ICT-Infrastruktur bleibt vorerst eine Herausforderung für Schulen

Sowohl die Einführung von Eins-zu-eins-Ausstattungen, die Mischung von klassischen Notebooks mit neueren Mobilgeräten als auch der Wechsel von schuleigenen Servern zur Nutzung von Diensten im Internet stellen Paradigmenwechsel dar, die bei allen Beteiligten eine Veränderungsbereitschaft voraussetzen. Wie sich diese fördern lässt und warum mitunter gerade die Förderer der letzten Innovation die Verhinderer der nächsten Innovation sein können, wurde bereits im letzten Kapitel detaillierter beschrieben. Das Ziel bezüglich schulischer ICT-Infrastruktur ist dann erreicht, wenn Schülerinnen und Schülern benötigte digitale Dienste bei Bedarf sofort zur Verfügung stehen und die Geräte sowohl physisch als auch metaphorisch aus dem Fokus der Aufmerksamkeit verschwunden sind.

Kernaussagen

> Die ICT-Ausstattung der Lernenden ist noch immer ein relevanter Aspekt beim Thema ICT und Schule.

> Bezüglich ICT-Infrastruktur gilt: Schülerinnen und Schüler benötigen Offenheit, Lehrkräfte Zuverlässigkeit.

> Über kurz oder lang werden alle Lernenden über mindestens ein persönliches digitales Gerät verfügen. Alle anderen Ausstattungsvarianten sind Übergangsphänomene.

> Eine Eins-zu-eins-Ausstattung bedeutet weder Dauereinsatz noch komplette Verdrängung analoger Medien. Schulzimmer verfügen auch über Wandtafeln und Stromsteckdosen, trotzdem meint niemand, sie dauernd nutzen zu müssen.

> Die schulische ICT-Landschaft wird heterogener. Es beginnt mit heterogener Hardware und geht weiter mit heterogener Software. Wichtig sind deshalb Offenheit und die Beachtung von Standards bei Daten.

> BYOD wird auf immer mehr Schulstufen eine attraktive Variante zur Erreichung einer Eins-zu-eins-Ausstattung, entlastet aber Schulen kurzfristig weder von einer technischen ICT-Strategie noch von Kosten.

> Schulische ICT-Infrastruktur sollte so einfach und flexibel verfügbar und nutzbar sein, dass sie aus dem Fokus der Aufmerksamkeit verschwindet.

Dieses Kapitel lässt viele technische und organisatorische Detailfragen offen, die sich aufgrund des begrenzten Platzes und der Kurzlebigkeit der Details schlecht in diesem Buch unterbringen lassen. Verweise auf detailliertere und aktuelle Empfehlungen sowie zahlreiche Projektbeschreibungen finden sich unter *www.1to1learning.ch.*

Alle zitierten Quellen dieses Kapitels finden Sie unter ☞ **t16008**.

9

WIE SIEHT DIE ZUKUNFT VON SCHUL- BÜCHERN AUS?

Schulbücher spielen eine wichtige Rolle in der Schule. Sie werden zur Vorbereitung, Strukturierung und Steuerung des Unterrichts verwendet und gelten deshalb oft als heimliche Lehrpläne. Schulbücher sind so tief in unseren Köpfen verankert, dass bei Diskussionen zur Schule in einer digitalisierten Welt rasch gefragt wird, wie denn Schulbücher in Zukunft aussehen werden. Auch hier gilt: Neue Technologien werden anfänglich zur Imitation von Bisherigem verwendet ☞ a463. Eine Schule ohne Schulbücher scheint undenkbar. Dieses Kapitel beginnt deshalb mit den Potenzialen digitaler Schulbücher und fragt erst im zweiten Schritt, welche Ähnlichkeiten Unterrichtsmaterialien in Zukunft noch mit heutigen gedruckten Schulbüchern haben werden.

Solange die Buchstruktur bleibt, aber der Inhalt digital wird

Betrachten wir Bücher vorerst allgemein: Wird ein bisher nur gedruckt vorliegendes Buch digitalisiert, ergeben sich einige Vorteile, denn digitale Schulbücher lassen sich einfacher erstellen, überarbeiten, verbreiten, vernetzen und durchsuchen als gedruckte Schulbücher.

> **Erstellen:** Die Digitalisierung hat die Erstellung sowohl von Papier- als auch Digitalbüchern technisch gesehen vereinfacht. Textverarbeitungs- und Layoutprogramme bieten heutzutage Funktionen, die früher Spezialisten vorbehalten waren. Print-on-Demand-Dienste erleichtern das Produzieren von Kleinauflagen und verringern das ökonomische Risiko. Damit erleichtert die Digitalisierung auch Laien die Publikation von Büchern ohne einen Verlag ☞ a1129. Wird bei der Erstellung des Buchmanuskripts auf die konsequente Verwendung von Formatvorlagen geachtet, so ermöglicht die Digitalisierung ohne großen Zusatzaufwand die Generierung von Büchern in mehreren Formaten, wenn gewisse Qualitätseinbußen beim Layout in Kauf genommen werden. Ein Buchmanuskript kann somit Ausgangsmaterial für ein gedrucktes Buch, für eine Online-Version und für digitale Lesegeräte sein.

> **Überarbeiten:** Digital verfügbare Inhalte lassen sich nicht nur einfacher erstellen als analoge Inhalte, sondern auch einfacher überarbeiten ☞ a732 . Dies weckt bei Schulbüchern eine entsprechende Erwartungshaltung. Während bei gedruckten Lernmedien ein zunehmendes Veralten hingenommen wird, erwartet man bei digitalen Schulbüchern zeitnahe Aktualisierungen.

> **Verbreiten:** Nicolas Negroponte hat in seinem Buch *Total digital* ☞ b99 den Wandel vom »Atom zum Bit« am Beispiel der Videokassette erklärt: 1995 bezog man Filme noch in Form von Atomen in der Videothek und musste in der Folge die Videokassette wieder zurückbringen. Heute gelangen ausgeliehene Filme per Datenleitung in Form von Bits auf den heimischen Bildschirm – der Gang zur Videothek gehört damit der Vergangenheit an. Auch digitale Bücher lassen sich heute mittels Klick oder durch Antippen auf das digitale Lesegerät laden – eine Veränderung, die zumindest die Lagerfunktion von Buchhandlungen obsolet macht. Digitale Bücher sind nie ausverkauft und benötigen keinen Lagerplatz. Gemäß aktueller Rückmeldungen aus Tablet-Projekten an Schulen und Hochschulen sind es meist nicht die didaktischen Vorteile, die beim Einsatz digitaler Schulbücher in erster Linie gepriesen werden, sondern schlicht das geringere Gewicht des Mediums und die höhere Verfügbarkeit von Inhalten. Wie bereits früher betont, ist der didaktische Mehrwert nicht der einzige Grund für den Einsatz digitaler Medien in der Schule. Allein die Tatsache, dass die Rücken junger Lernender weniger belastet werden, spricht für digitale Schulbücher.

Dass sich digitale Bücher leichter verteilen lassen als gedruckte, hat aus Sicht der Verlage nicht nur Vorteile. Sie fürchten sich – ähnlich wie die Musik- und Filmproduzenten zuvor – vor urheberrechtlich unerlaubter Verbreitung ihrer Werke. Diese nicht unberechtigte Angst hemmt derzeit die Verbreitung digitaler Lehrmittel, welche die Potenziale der Digitalisierung voll ausnützen, weil Lehrmittelverlage ihre Inhalte nicht ungeschützt verbreiten wollen. Solche Schutzmaßnahmen erschweren aber auch die erlaubte Nutzung des Materials oder verhindern die Verwendung offener und austauschfördernder Formate.

> **Vernetzen:** Digitale Bücher erleichtern im Vergleich zu ihren gedruckten Vorgängern die Nutzung von Querverweisen. Querverweise sind in Büchern nichts Neues. Auch gedruckte Bücher verfügen über ein Inhaltsverzeichnis, einen Index und eventuell Querverweise. In digitalen Büchern ist das Aufsuchen der referenzierten Stellen aber viel bequemer als im gedruckten Buch. Ein einfaches Antippen reicht, und die referenzierte Stelle erscheint auf dem Bildschirm. Dies funktioniert nicht nur bei Verweisen innerhalb eines Buches, sondern auch bei Bezügen zwischen verschiedenen Büchern oder anderem digital verfügbaren Material, das eine eindeutige Adresse besitzt. Digitale Bücher können so direkt auf beliebige Webseiten mit aktuellen Daten, digitalen Landkarten oder Audio- und Videodaten verweisen – wie beispielsweise in der digitalen Ausgabe des vorliegenden Buches.

> **Durchsuchen:** Bei Querverweisen sind es die Autorinnen und Autoren eines Buches, welche die Lesenden gezielt mit Inhaltsverzeichnissen und Indexen zu einer bestimmten Information führen. Digitale Bücher lassen sich aber als Ganzes auch mit einer Volltextsuche durchsuchen.

Digitale Schulbücher lassen sich also einfacher erstellen, überarbeiten, verbreiten, vernetzen und durchsuchen als gedruckte Schulbücher, bleiben aber dennoch eine Eins-zu-eins-Umsetzung eines gedruckten Buches. Es ist somit weiterhin möglich, das inhaltlich identische Buch sowohl gedruckt als auch digital anzubieten.

Wenn das Schulbuch multimedial wird

Es sind weniger diese effizienzsteigernden Eigenschaften, die große Erwartungen wecken als vielmehr die durch die Digitalisierung mögliche Erweiterung traditioneller Bücher in den drei grundlegenden Dimensionen Multimedia, Interaktivität und Interaktion (siehe Abbildung 9.1).

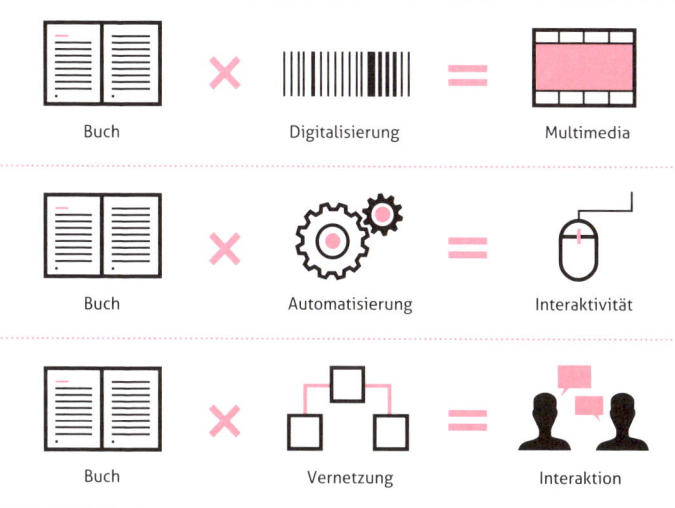

Abbildung 9.1: *Potenziale digitaler Schulbücher*

Digitale Bücher lassen sich neben Text und Bildern auch mit Tönen und Videos ausstatten, damit werden sie zu multimedialen Werken ☞ a1130. Dass multimediale Elemente wie Tierlaute in der Biologie, historische Filmausschnitte im Geschichtsunterricht oder Originalstimmen im Fremdsprachenunterricht didaktische Potenziale bieten, weil die Inhalte dadurch motivierender, vielfältiger und anschaulicher präsentiert werden können, ist nichts grundlegend Neues. Multimediale Lehrmittel entstanden bereits Ende der 1980er-Jahre in Form von CDs und später DVDs. Auch die Literatur zur Frage, ob und wie Multimedia lernförderlich sei, ist entsprechend zahlreich ☞ f47.

Wenn das Schulbuch Rückmeldungen liefert

Wie im ersten Kapitel beschrieben, erlaubt die Digitalisierung nicht nur die Speicherung und Übertragung, sondern auch die automatisierte Verarbeitung von Daten. Diese Automatisierung ermöglicht vordefinierte regelbasierte Reaktionen auf das Verhalten von Leserinnen und Lesern. In Lehrmitteln bietet diese als »Interaktivität« bezeichnete Mensch-Maschine-Kommunikation verschiedene didaktische Potenziale: Digitale Lehrmittel können bei geschlossenen Übungsaufgaben – also solchen mit eindeutig definierten richtigen Antworten – sofort ☞ a457 und sanktionsfrei ☞ a458 eine Rückmeldung liefern. Während die umgehende, automatische Korrektur von Übungsaufgaben schlicht einen Effizienzgewinn darstellt, zeigen Untersuchungen, dass es Lernende weniger stört, wenn sie ein Computer wiederholt auf ihre Fehler hinweist, als wenn dies eine Lehrkraft tut. Weiter kann Interaktivität auch zur Steuerung von Simulationen genutzt werden: Wie verändert sich der Gewinn, wenn der Zinssatz für Fremdkapital erhöht oder der Preis bestimmter Produkte gesenkt wird? Wie verändert sich die Hasenpopulation langfristig, wenn mehr Füchse in die Gegend ziehen? Welche Rolle spielt die Geschwindigkeit eines Fahrzeugs für den Bremsweg und den Energieverbrauch? Durch das Verändern von Parametern einer Simulation können Lernende Zusammenhänge einfacher entdecken. Dank dem Internet können auch aktuelle Daten – beispielsweise zur Finanz- oder Wetterlage – eingebunden werden.

Wenn sich das Schulbuch dem Lernstand anpasst

Die bereits in Kapitel 4 ausführlich als »Heiliger Gral der Interaktivität« diskutierte Adaptivität wäre auch für digitale Schulbücher wünschenswert. Adaptive Schulbücher, die sich dem Lernstand und -fortschritt der Lernenden anpassen, würden nicht nur die Effizienz steigern, sondern in idealer Weise auch die Individualität des Unterrichts fördern. Doch auch bei digitalen Schulbüchern ist die Adaptivität bisher kaum über den Status von Pilotprojekten hinausgekommen. Selbst wenn die regelbasierte Lernstandserfassung zukünftig gelingen sollte, so würden das Erstellen des vielfältigen Materials die Erstellungskosten von adaptiven Schulbüchern beträchtlich erhöhen.

Für Lehrmittelverlage sind jedoch interaktive Schulbücher insofern bereits heute interessant, als sie den Verlagen erstmals automatisiert Daten zur Nutzung von Schulbüchern liefern. Allein durch die Nutzung der Geräte generieren die Lernenden entsprechende Daten: Wann hat sich jemand wie lange mit welchen Inhalten beschäftigt?

Wenn das Schulbuch zum Kommunikationsmedium wird

Die der Digitalisierung innewohnende Automatisierung ermöglicht also eine Mensch-Maschine-Kommunikation in digitalen Lehrmitteln. Doch dies muss nicht dazu führen, dass Lernende nur noch mit ihren Lehrmitteln kommunizieren. Im Gegenteil: Vernetzte digitale Lehrmittel können auch den Austausch zwischen den Lernenden untereinander und mit der Lehrkraft fördern. Dieses Potenzial digitaler Lehrmittel klingt heute noch ungewohnt und wird in seinen Möglichkeiten vermutlich erst teilweise erkannt. In ersten digitalen Lehrmitteln können beispielsweise persönliche Markierungen und Notizen innerhalb der Lerngruppe geteilt werden; eine Tätigkeit, die außerhalb des Bildungsbereichs *social reading* ☞ w2366 genannt wird. Diskussionen zum Inhalt können somit sehr nah am Lehrmittel stattfinden. Denkbar ist beispielsweise, dass Lernende als Vorbereitung der nächsten Unterrichtsstunde einen Textabschnitt lesen, unklare Passagen markieren und Fragen zum Text stellen. Die Lehrkraft kann mit diesen Informationen den Unterricht besser vorbereiten und auf die Bedürfnisse der Lernenden eingehen. Dies funktioniert auch im Präsenzunterricht: Lernende bereiten sich im Rahmen des Wochenplanunterrichts auf eine Fragerunde zu einem Buchabschnitt vor.

Wenn Lehrkräfte und Lernende am Schulbuch mitschreiben

Bei all den geschilderten Potenzialen stellt sich die Frage, was denn an einem multimedialen, interaktiven und Kommunikation ermöglichenden Buch überhaupt noch Buch ist? Tatsächlich ist auch in diesem Bereich eine Konvergenz zu erwarten. Schulbücher werden mit anderen Unterrichtsmaterialien verschmelzen. Diese Verschmelzung wird nicht nur andere Lehrmittel betreffen, sondern auch Werkzeugen des Unterrichts wie Hefte, die Wandtafel oder den Gruppenraum. Spätestens bei dieser Konvergenzüberlegung wird deutlich, dass digitale Schulbücher kein grundlegend neues Phänomen sind. Ähnliche mediendidaktische Fragen wurden bereits beim Aufkommen von digitalen Lernplattformen ☞ w1423 diskutiert. Solange ein digitales Schulbuch von allen Beteiligten weiterhin primär als Endprodukt einer Entwicklung von Autorenteams und Verlag gesehen wird, unterscheidet es sich nicht stark von einem Learning Management System, das auch offline verwendet werden kann.

An dieser Stelle kommt nun aber die konstruktivistische Forderung ins Spiel, dass Lernende ihr eigenes Wissen aufbauen und nicht einfach bestehendes Wissen wiedergeben sollen. Dies erfordert nun Lehrmittel, die eher Ausgangsmaterial für eigene Produkte bieten als abgeschlossene und eigenständige Werke sind. Ein solcher Paradigmenwechsel vom Schulbuch, also vom verlagsgeprüften Endprodukt, hin zum offenen Ausgangsmaterial stellt Verlage vermutlich vor noch größere Herausforderungen als die Erweiterung in Richtung Multimedia, Interaktivität und Interaktion, geht damit doch eine weiterer Kontrollverlust einher. Nicht mehr der Verlag allein, sondern auch Lehrkräfte und Lernende gestalten das Lehrmittel aktiv mit.

Zukünftige Lehrmittel könnte man sich gemäß diesen Überlegungen dreilagig vorstellen. Die Basis eines Lehrmittels ist die vom Verlag vorgegebene Struktur mit dem entsprechenden, lehrplankonformen Inhalt. Lehrkräfte können ein solches Lehrmittel auf einer zweiten, ein- und ausblendbaren Lage mit eigenen Inhalten ergänzen, aber auch bestehende Inhalte verändern oder löschen. Auf der obersten Ebene können Schülerinnen und Schüler ihr persönliches Exemplar des Lehrmittels weiter individualisieren, sodass am Ende alle Lernenden mit einem Unikat arbeiten, das ihre eigenen Lernergebnisse enthält. Diese Idee eines dreilagigen Lehrmittels ist nicht grundsätzlich neu. In der analogen Welt entspricht sie einem vom Lehrmittelverlag verkauften Ordner, der sowohl von der Lehrkraft als auch von den Lernenden ergänzt werden kann. Trotzdem ist ein derart strukturiertes Lehrmittel für Verlage – abgesehen von der nicht ganz einfachen technischen Umsetzbarkeit – aus zwei weiteren Gründen kein einfaches Unterfangen: Einerseits stellen sich neue Herausforderungen bezüglich Urheberrecht und Geschäftsmodell, andererseits fürchten Verlage und Autoren, dass anders als bei physischen Ordnern die Leserinnen und Leser bei digitalen Werken den Verlagsteil nicht vom Lehrer- oder gar Schülerteil unterscheiden könnten.

Wenn Schulbücher etwas kosten, ihr Inhalt aber frei verfügbar ist

Die Digitalisierung verändert nicht nur Form und Möglichkeiten von Lehrmitteln, sondern könnte auch traditionelle Geschäftsmodelle der Lehrmittelherstellung verändern. Da die Kosten von digitalen Lehrmittel fast unabhängig von der Anzahl der verwendeten Exemplare sind, ermöglicht dies frei verfügbare Lehrmittel: Sobald ihr Erstellungsaufwand entschädigt worden ist, sind sie frei im Internet verfügbar. Solche Lehrmittel wurden auf einer UNESCO-Konferenz im Jahr 2002 als *Open Educational Resources (OER)* ☞ w2058 bezeichnet. Darunter werden Lehrmaterialien verstanden, die in drei Dimensionen frei verwendbar sind. Erstens ist die Nutzung von OER kostenlos. Zweitens erlauben die Nutzungsbedingungen von OER die Verwendung und Weitergabe von veränderten Materialien, OER lassen sich also aus juristischer Sicht beliebig anpassen, erweitern und verteilen. Damit dies auch technisch möglichst einfach ist, sollten OER drittens in offenen Datenformaten vorliegen, die mit frei verfügbaren Programmen, im Idealfall Open-Source-Software, bearbeitet werden können. Mit diesen drei Freiheitsgraden sollen OER ermöglichen, alle zu Beginn des Kapitels beschriebenen Potenziale von digitalem Unterrichtsmaterial auszuschöpfen: OER sollen möglichst problemlos erstellt, überarbeitet und verbreitet werden können. Unverkennbar steckt dahinter die Open-Source-Philosophie, nach der Software möglichst frei verfüg- und veränderbar sein sollte. Auch der OER-Gedanke ist nicht erst in den letzten zehn Jahren entstanden. Die mit der Digitalisierung einhergehende, zu Beginn des Kapitels beschriebene Effizienzsteigerung bei der Erstellung, Überarbeitung und Verbreitung von Unterrichtsmaterial hat jedoch Visionen beflügelt.

Die Entwicklung von OER ist nicht kostenlos. OER ermöglichen nur, die Potenziale der Digitalisierung für eine möglichst große Verbreitung der erstellten Materialien zu nutzen. Es gibt unterschiedliche Vorstellungen davon, wer den notwendigen Entwicklungsaufwand leisten sollte: Lehrkräfte, Stiftungen oder der Staat.

Lehrkräfte erstellen in ihrer bezahlten Arbeitszeit bereits heute Materialien für den eigenen Unterricht. Wenn nun alle Lehrkräfte dieses Material anderen Kolleginnen und Kollegen frei zur Verfügung stellen würden, ergäbe dies eine riesige Sammlung an frei verfügbarem Unterrichtsmaterial – so die Vorstellung. Tatsächlich gibt es seit vielen Jahren entsprechende Unterrichtsmaterialserver, die beiden großen deutschsprachigen können auf bald zwanzig Jahre Erfahrung zurückblicken (Zentralstelle für Unterrichtsmedien *www.zum.de* und *swisseduc.ch*). Und diese Erfahrung besagt eben, dass freies Unterrichtsmaterial gerne genutzt, aber selten zur Verfügung gestellt wird. Material für den eigenen Unterricht aufzubereiten ist etwas anderes, als Material öffentlich anzubieten. Neben dem zusätzlichen Aufwand drohen auch juristische Komplikationen mit dem Urheberrecht. Und es gehört eine gehörige Portion Altruismus dazu, die eigene, vielleicht nicht ganz perfekte Arbeit anderen entschädigungslos anzubieten.

Derzeit sind vor allem Stiftungen treibende Kräfte bei der Förderung von OER. So wird beispielsweise die kalifornische Non-Profit-Organisation *CK-12 Foundation* von Privaten und Stiftungen finanziert. *CK-12* hat mit *Flexbooks* ☞ w2308 seit 2007 eine offene Plattform für Unterrichtsmaterialien aufgebaut. Auf dieser Plattform kann Unterrichtsmaterial erstellt, zusammengestellt und in verschiedenen Formaten heruntergeladen werden. Damit stellt *Flexbook* ein frühes Beispiel einer schulischen OER-Plattform dar, die digitale Schulbücher aus *reusable learning objects* ☞ w1796 zusammensetzen lässt. Im europäischen Raum hat 2012 eine polnische Stiftung für Aufsehen gesorgt, die mit Unterstützung des polnischen Premierministers für elf Millionen Euro offene Schulbücher für die vierte bis sechste Klasse hat entwickeln lassen.

Was Stiftungen tun, könnte grundsätzlich auch der Staat tun. Zumindest in denjenigen Fällen, in denen der Staat die Lehrmittel letztlich kauft, ist auch ein OER-Geschäftsmodell denkbar: Der Staat schreibt einen Lehrmittelauftrag aus und bezahlt diejenigen Kosten, die einem Verlag entstehen, um dieses Lehrmittel zu erstellen und während einer bestimmten Zeit auch zu aktualisieren. Der ausführende Verlag veröffentlicht das Lehrmittel nach der Fertigstellung unter einer OER-kompatiblen Lizenz.

Der Verlag oder Drittfirmen könnten zu vergünstigten Preisen auch gedruckte Exemplare des Lehrmittels verkaufen. Zwar sind gewisse Details dieser Überlegungen noch zu klären, aber wenn traditionelle Lehrmittelverlage sich einem solches Geschäftsmodell komplett verweigern, werden vermutlich andere Firmen diese Lücke füllen.

Wenn ein Buch eben ein Schulbuch ist

Es ist letztlich eine bildungspolitische Frage, wie viele Ressourcen in die Erstellung von Lehrmitteln fließen und mit welchem Geschäftsmodell deren Entwicklung finanziert werden soll. Gerade dieser bildungspolitische Aspekt sorgt dafür, dass die Situation bei Schulbüchern komplizierter ist als bei Sachbüchern oder Belletristik und dass sich bisherige Erkenntnisse der Buchindustrie – geschweige denn der Musik- und Filmindustrie – deshalb nicht eins zu eins auf den Schulbuchmarkt übertragen lassen.

Bei all den beschriebenen Potenzialen stellt sich die Frage, warum digitale Lehrmittel bisher noch Ausnahmeerscheinungen sind. Eine erste einfache Antwort: Weil die Schülerinnen und Schüler – wie wir im letzten Kapitel gesehen haben – derzeit in den wenigsten Fällen in der Schule die benötigten persönlichen Endgeräte zur Verfügung haben. Ohne eine Eins-zu-eins-Ausstattung sind digitale Lehrmittel wenig sinnvoll. Und solange Eins-zu-eins-Ausstattungen an Schulen die Ausnahme sind, ist es für Lehrmittelverlage wenig lohnenswert, verstärkt in digitale Lehrmittel zu investieren – eine typische Huhn-Ei-Situation.

Doch neben der fehlenden Eins-zu-eins-Ausstattung in der Schule behindern noch andere Gründe eine rasche Innovation im Lehrmittelbereich: Schulbücher erfüllen im Schulbetrieb zahlreiche Funktionen. Gerd Stein formulierte 1976, Schulbücher seien *Informatorium* ☞ a1116, *Paedagogicum* ☞ a1117 und *Politicum* ☞ a1118. Während das Internet dem Schulbuch die Rolle als *Informatorium* streitig macht, sind Schulbücher derzeit noch immer wichtig zur Vorbereitung, Strukturierung und Steuerung des Unterrichts aufseiten der Lehrkraft und als mögliches Motivations-, Differenzierungs- sowie Übungs- und Kontrollwerkzeug aufseiten der Schülerinnen und Schüler, wobei die Bedeutung je nach Stufe und Fach unterschiedlich ausgeprägt ist. Schulbücher stellen eine gefilterte, didaktisch aufbereitete Stoffauswahl dar. Diese Filterfunktion kann in der heutigen Informationsflut sowohl für Lehrkräfte als auch für Schülerinnen und Schüler sehr wertvoll sein. Strukturierungs- und Repräsentationsfunktion haben auch eine starke gesellschaftspolitische Dimension. Wenn Lehrkräfte Schulbücher zur inhaltlichen und methodischen Vorbereitung und Umsetzung des Unterrichts nutzen, prägen Schulbücher den Unterricht wesentlich. Schulbücher werden deshalb auch als eigentliche Lehrpläne bezeichnet ☞ a1113, da Lehrerinnen und Lehrer die tatsächlichen Lehrpläne eher selten konsultieren ☞ a1114.

Aus diesem Grund hat der Staat ein Interesse daran, Schulbücher zu kontrollieren und zu steuern. Das äußert sich in Schulbuchempfehlungen oder gar Schulbuchzulassungen. Solche je nach Region, Stufe und Fach unterschiedlich strengen Empfehlungen und Zulassungen stellen eine nicht zu vernachlässigende, marktbeeinflussende Kraft dar. An dieser Stelle prallen nun die Macht des Leitmedienwechsels und die Steuerungsabsichten des Staates aufeinander. Es bleibt abzuwarten, welche Kraft sich längerfristig durchsetzen wird. Solange aber Schule staatlich und in deutschsprachigen Ländern auch föderalistisch organisiert wird, bleibt der Schulbuchmarkt größtenteils reglementiert und fragmentiert ☞ a1127, was rasche Veränderungen und innovative Lösungen in der Breite eher erschwert.

Kernaussagen

> Digitale Schulbücher lassen sich einfacher erstellen, überarbeiten, verbreiten, vernetzen und durchsuchen als gedruckte Schulbücher.

> Digitale Schulbücher bieten das Potenzial für Multimedia, Interaktivität und Interaktion.

> Auch in einer digitalisierten Welt benötigt die Schule qualitativ hochwertige Unterrichtmaterialien.

> Schulbücher haben verschiedenste Funktionen und gehorchen anderen Gesetzen als normale Bücher.

> Die Digitalisierung hat OER technisch vereinfacht. Ob sich OER durchsetzen, ist unter anderem eine bildungspolitische Frage.

> Eins-zu-eins-Ausstattungen und ein alltäglicher Umgang mit digitalen Medien in der Schule ist eine Voraussetzung für digitale Schulbücher.

Alle zitierten Quellen dieses Kapitels finden Sie unter ☞ **t16009**.

MEHR ALS
0 UND 1

Digitalisierung, Automatisierung und Vernetzung verändern unsere Lebenswelt mehr, als die meisten von uns noch vor Kurzem vorhergesehen hätten. Mittels der beiden Symbole 0 und 1 können wir alle möglichen Daten erfassen, verarbeiten, speichern, kopieren und weltweit verbreiten. Diese technischen Möglichkeiten haben binnen weniger Jahre nicht nur die Art und Weise grundlegend verändert, wie wir kommunizieren, sondern auch, wie wir Medien konsumieren und produzieren. Fast alle besitzen heute ein Smartphone und nutzen das Internet als erste Informationsquelle; und ein Drittel aller je gemachten Fotografien stammen aus den letzten zwölf Monaten. Als Folge dieser Veränderungen sind altehrwürdige Lexikonverlage oder große Fotounternehmen verschwunden. Derzeit kämpft die gesamte Medienbranche um ihr Überleben. Noch ist nicht absehbar, welche Konsequenzen selbstfahrende Autos oder natürliche Sprache verstehende persönliche Assistenten am Handgelenk haben werden, wenn sie einmal dem Prototypen-Stadium entwachsen sind.

Diese weitreichenden Veränderungen aufgrund des digitalen Leitmedienwechsels stellen auch die Schule vor neue Herausforderungen. Gerade im digitalen Leitmedienwechsel hat die Schule die primäre Aufgabe, junge Menschen auf das Leben vorzubereiten. Dazu reicht es nicht aus, die Potenziale digitaler Medien zu nutzen und als Werkzeuge im Unterricht zu integrieren. Selbstverständlich gilt es, sie zu Lehr- und Lernzwecken einzusetzen. Die einseitige Fokussierung auf den didaktischen Mehrwert, der diesen Werkzeugen zugeschrieben wird, greift jedoch zu kurz. Digitale Medien gehören auch deshalb in die Schule, weil sie die Lebenswelt von Schülerinnen und Schülern maßgebend prägen. Eine Schule, die diese Realitäten ausblendet, ist zunehmend lebensfern. Schülerinnen und Schüler müssen lernen, digitale und analoge Medien effektiv und effizient auszuwählen und einzusetzen. Dies erfordert ein Grundverständnis der Funktionsweise und der Konsequenzen digitaler Medien für den Beruf, das Privatleben und die Gesellschaft. Deshalb müssen digitale Medien auch zum Thema im Unterricht werden: Grundlegende Informatikkenntnisse gehören genauso zu einer zeitgemäßen Allgemeinbildung wie Kenntnisse in Physik, Chemie und Biologie.

Doch für die Schule ändert sich in einer digitalisierten Welt noch mehr. Sie muss auf ein Leben vorbereiten, in welchem die meisten automatisierbaren Prozesse automatisiert werden. Typisch menschliche Kompetenzen wie Teamfähigkeit, Sozialkompetenz und Kreativität gewinnen stark an Bedeutung. Dies führt zu neuen, an die veränderten Anforderungen angepassten Lern-, Schul- und Prüfungsformen. Wenn 45-Minuten-Lektionen durch Halbtageskurse oder Projektwochen ersetzt werden, ist die Digitalisierung zwar vielleicht einer der Gründe, tritt aber bei der Umsetzung nicht prominent in Erscheinung. Wenn Schülerinnen und Schüler Frontalunterricht teilweise zu Hause in Form von Videos konsumieren und dafür in Präsenzphasen vor Ort gemeinsam konkrete Problemstellung bearbeiten, dann sind digitale Medien zwar hilfreich in der Umsetzung, im Vordergrund steht dabei aber das kooperative Lernen.

Die notwendigen Veränderungen in der Schule sind weder von heute auf morgen noch durch simples Umlegen eines Schalters von 0 auf 1 zu erreichen. Die Herausforderung beginnt damit, dass verschiedenste Ansichten darüber bestehen, wie die Schule auf den digitalen Leitmedienwechsel reagieren soll. Einerseits fehlt oftmals das Bewusstsein für die Tragweite des Leitmedienwechsels, andererseits ist die Frage nach dessen Konsequenzen stark mit normativen Werthaltungen verbunden. Ohne den Willen aller Beteiligten, die Schule den veränderten Bedingungen anzupassen, wird jedoch vorerst wenig geschehen.

Auch wenn sich alle Beteiligten einig wären, dass sich die Schule dem digitalen Leitmedienwechsel stellen muss, bliebe vieles zu tun. Kostendruck, Effizienzdenken oder die bereits hohe Belastung von Lehrkräften sind dafür keine guten Voraussetzungen. In den föderalistischen Bildungssystemen der deutschsprachigen Länder kann Veränderung zudem nicht top-down verordnet, sondern muss auf verschiedenen Ebenen diskutiert werden.

Was tun angesichts dieser rasanten technischen und gesellschaftlichen Entwicklung und der relativen Trägheit des Bildungswesens? Die Digitalisierung wird weder verschwinden noch ist bisher abzusehen, welche Veränderungen sie letztlich mit sich bringen wird. Selbst Experten und Vertreter der IT-Industrie warnen unterdessen vor den wirtschaftlichen, gesellschaftlichen und militärischen Folgen der noch immer rasant zunehmenden Möglichkeiten von 0 und 1. Und es ist schwierig abzuschätzen, ob und wann Computer den Menschen nicht nur in Bezug auf Wissen, sondern auch hinsichtlich Erfahrung in gewissen Bereichen übertreffen können.

Ich selbst bin zuversichtlich, dass die Menschheit auch diese Herausforderung meistern wird. Dies bedingt jedoch, dem digitalen Leitmedienwechsel sowohl im Großen als auch im Kleinen ohne unnötige Hektik und Panikmache, aber mit genügendem Nachdruck zu begegnen – nicht mit einem naiven Optimismus, sondern mit einem pragmatischen, informierten Realismus. Die Digitalisierung darf uns nicht dazu verleiten, auch selbst nur noch in 0 und 1 zu denken. Weder helfen simple Schwarz-Weiß-Betrachtungen noch einfache Alles-oder-nichts-Entscheide. Die Schule muss zwar die Digitalisierung als Werkzeug und Thema integrieren, darüber hinaus aber vor allem auf das fokussieren, was die Digitalisierung nicht zu leisten vermag. Wir sind mehr als 0 und 1!

ANHANG

GESETZE DES DIGITALEN

Technologie

Standardisierung Modularisierung Paketisierung Sarnoffs Gesetz

sind Voraussetzung für

Digitalisierung Automatisierung Vernetzung Metcalfes Gesetz

führen zu

Mooresches Gesetz Konvergenz Reeds Gesetz

Ökonomie und Gesellschaft

Konsequenzen

Grenzkostenlosigkeit Long-Tail-Effekt

Arthurs Gesetz Lock-in-Effekt

Geschäftsmodelle

Freemium Flatrate Nutzung statt Besitz

Wahr-nehmung

Hype cycle

Aufmerksam-keitsökonomie

Abbildung A.1: *Die Gesetze des Digitalen im Überblick*

Die digitale Welt gehorcht gewissen Gesetzmäßigkeiten, die sich von denjenigen der analogen Welt unterscheiden. Diese Gesetzmäßigkeiten beeinflussen nicht nur die technische Entwicklung, sondern auch die Wirtschaft, die Gesellschaft sowie das Denken und Handeln jedes Einzelnen. Im Folgenden werden die wichtigsten Gesetzmäßigkeiten des Digitalen vorgestellt, die für das Verständnis der bisherigen Entwicklung und die Mitgestaltung der Zukunft notwendig sind.

Die Bausteine der digitalen Revolution

Die digitale Revolution beruht auf den drei Grundbausteinen Digitalisierung, Automatisierung und Vernetzung.

Mit dem Begriff Digitalisierung ☞ w1513 soll die Tatsache beschrieben werden, dass zunehmend mehr analoge Daten in digitale Form überführt werden oder Daten direkt digital erfasst werden. Digital bedeutet, dass alle möglichen Daten (Texte, Bilder, Töne, Videos usw.) sich mit dem gleichen Alphabet, bestehend aus den beiden Zeichen 0 und 1, darstellen lassen. Diese binäre Darstellung ermöglicht es, alle möglichen Arten von Daten elektronisch auf dem gleichen Datenträger zu speichern.

Computer erlauben jedoch nicht nur die Erfassung und Speicherung digitaler Daten, sondern auch deren automatische regelbasierte Verarbeitung. Daten können maschinell sortiert, gefiltert und nach weiteren Regeln verarbeitet werden. Jegliche Bearbeitung von digitalen Daten, die sich als Folge von Regeln exakt beschreiben lässt, kann mit einem Computer automatisiert werden. Im Bereich Verkehr erlaubt diese Automatisierung ☞ w973 beispielsweise das Regeln der Vorfahrt an Kreuzungen, das Ausrechnen von Ticketpreisen, das Reservieren von Sitzplätzen, das korrekte Funktionieren des Antiblockiersystems (ABS) bei Autos oder das Berechnen des kürzesten oder schnellsten Weges zwischen zwei Punkten.

Digitale Daten sind platzsparend speicherbar und lassen sich über Datennetze weltweit übermitteln, aktuell ist das Internet das größte derartige Netzwerk. Dank dieser Vernetzung können alle erfassten, verarbeiteten und gespeicherten Daten praktisch sofort weltweit verfügbar gemacht werden. Bleiben wir beim Beispiel Verkehr, können damit bei der Routenberechnung aktu-

elle Stauinformationen über das Netz bezogen oder die rechen-
intensive Spracherkennung im Auto auf einem leistungsfähigen
Computer im Internet ausgelagert werden

Baustein	Definition
 Digitalisierung	Alle möglichen Daten (Texte, Bilder, Töne, Videos usw.) lassen sich mit dem gleichen Alphabet, bestehend aus den beiden Zeichen 0 und 1, erfassen, verarbeiten, speichern und übertragen.
 Automatisierung	Computer können digitale Daten automatisch sortieren, filtern und nach weiteren vorgegebenen Regeln verarbeiten. Alle exakt beschreibbaren Abläufe lassen sich automatisieren.
 Vernetzung	Die Vernetzung erlaubt den einfachen Austausch von digitalen Daten weltweit.

Konvergenz als Folge von Digitalisierung und Vernetzung

Digitalisierung, Automatisierung und Vernetzung führen zu einer Konvergenz ☞ w2110 bisheriger Medien und Werkzeuge. Da sich durch die Digitalisierung alle Daten mit dem gleichen Alphabet darstellen lassen, wird nur noch ein Speichermedium benötigt, unabhängig davon, ob es sich um Text, Bild, Ton, Video oder andere Daten handelt. Alle Daten lassen sich von den gleichen Geräten – nämlich von Computern – verarbeiten und durch das gleiche Medium transportieren. Die bisherigen Speichermedien Papier, Schallplatten, Negativstreifen usw. konvergieren zu einem einzigen Speichermedium. Die bisherigen monofunktionalen Geräte zur Erfassung und Verarbeitung von Daten, d.h. Schreibmaschine, Diktiergerät, Fotoapparat usw., *konvergieren* zu einem einzigen universellen Datenverarbeitungsgerät, dem Computer, den wir heute in Form von Smartphones, Notebooks, Tablets usw. täglich nutzen. Abgesehen von der Leistungsfähigkeit beinhalten alle Computer die gleichen Möglichkeiten. Es ist die Software, welche die tatsächlichen Funktionen der universellen Hardware definiert. Und während früher Telefon und Fernsehen zwei verschiedene Kabel in jeder Wohnung benötigten oder Radio und Fernsehen unterschiedliche Frequenzen verwendeten, gehen heute alle Daten über das gleiche Kabel oder die gleiche Funkverbindung.

Prinzip	Definition
Konvergenz	Dank der einheitlichen Darstellung mittels 0 und 1 lassen sich alle Daten auf den gleichen Speichermedien speichern, mit dem gleichen Gerät verarbeiten und über die gleichen Kommunikationskanäle übermitteln. Speichermedien, Datenverarbeitungsgeräte und technische Kommunikationskanäle konvergieren.

Die Voraussetzungen

Damit die drei Bausteine Digitalisierung, Automatisierung und Vernetzung zum Auslöser der digitalen Revolution werden konnten, mussten gewisse Voraussetzungen erfüllt sein. Eine davon ist die exponentielle Zunahme der Leistungsfähigkeit elektronischer Schaltungen, beschrieben durch das mooresche Gesetz ☞ w862. Gordon Moore, der spätere Mitbegründer der Chipfirma Intel, stellte 1965 fest, dass sich alle 18 Monate doppelt so viele Transistoren auf der gleichen Chipfläche unterbringen ließen. Damit verdoppelt sich theoretisch alle 18 Monate die Rechenleistung eines Computerchips. 1965 sah Moore keine physikalischen Gründe, warum dies nicht weitere zehn Jahre so weitergehen sollte. Tatsächlich geht man heute davon aus, dass die Voraussage bis mindestens 2020 gültig bleiben wird, sodass Moores Beobachtung längst als Gesetz gilt. Sollten Sie sich bei der Lektüre wundern, warum Ihnen Ihr Computer trotz des mooreschen Gesetzes so langsam erscheint: Das wirthsche Gesetz ☞ w2456, benannt nach dem Schweizer Informatiker Niklaus Wirth, besagt, dass die Leistungsansprüche von Software stärker wachsen als die Leistungsfähigkeit der Hardware. Wirth bezieht sich dabei primär auf schlampige Programmierung, allerdings werden heute beispielsweise in Bildern und Videos auch massiv mehr Daten verarbeitet als früher.

Ohne das mooresche Gesetz wäre es nicht zu einer digitalen Revolution gekommen. Damit das technische Potenzial des mooreschen Gesetzes ausgeschöpft werden kann, müssen aber weitere Voraussetzungen erfüllt sein.

Eine wichtige Voraussetzung zur digitalen Verarbeitung ist eine Formalisierung und Standardisierung von Daten, Programmen und Netzwerken. Erst eine standardisierte Darstellung von Daten ermöglicht deren automatisierte Verarbeitung. Je einheitlicher Daten dargestellt werden, desto universeller lassen sie sich verarbeiten. Die Daten müssen in das vorgesehene Schema passen. Das Gleiche gilt für Programme. Computerprogramme laufen nur auf dafür vorgesehenen Computern. Programme dürfen nur die auf dem Computer vordefinierten, fest verdrahteten Befehle verwenden. Auch Computerprogramme müssen ins Schema passen.

Modularisierung ist eine weitere Voraussetzung für einen effizienten Einsatz von ICT. Die Aufteilung in abgeschlossene Einheiten mit möglichst wenig definierten Austauschpunkten nach dem altrömischen Prinzip »Teile und herrsche« ☞ w976 bietet mehrere Vorteile. Komplexere Systeme können in kleinere, handhabbare Untersysteme aufgeteilt werden. Die Untersysteme lassen sich unter Umständen auch in anderem Kontext einsetzen, sind also wiederverwendbar, was ihren Wert steigert. In einem modularen System lassen sich einzelne Module ersetzen, ohne dass Anpassungen am restlichen System notwendig sind.

Mit der Modularisierung verwandt ist das Konzept der Paketisierung. Es lässt sich am ehesten als standardisierte Modularisierung zum Zwecke der Verteilung von Programmen und Daten erklären. Wie bei der Paketpost werden die benötigten Teile in einen standardisierten Container gepackt, der mit Informationen zum Inhalt und Ziel des Pakets versehen wird. Hier findet eine Aufteilung in Daten und Metadaten statt, also Daten als eigentlicher Inhalt eines Pakets und Metadaten ☞ w1425 als Zusatzinformationen zu den Daten im Paket. Bei einer Musikdatei stellen beispielsweise die Töne die eigentlichen Daten dar, die in der Datei zusätzlich enthaltenen Informationen zu Titel, Länge, Urheber usw. sind die Metadaten. Die Vorteile der Paketisierung zeigen sich bereits bei der traditionellen Post: Sie muss sich nicht um den Inhalt der Pakete kümmern, sondern diese anhand der Adressen – also der Metadaten – an den richtigen Ort bringen. Für die Kunden hat die Post wiederum den Vorteil, dass sie sich nicht um den Transport ihrer Güter kümmern müssen. Ähnliche Effizienzgewinne zeigten sich beim Aufkommen von standardisierten Schiffscontainern. Beim Transport spielen die Ausmaße der Güter keine Rolle mehr, der Austausch findet mittels standardisierter Behälter statt, sodass das Beladen und Entladen von Schiffen schneller erfolgen kann. In der digitalen Welt sind diese Pakete nun zum Beispiel in Form von Apps oder Updates anzutreffen. Softwareentwickler müssen sich nicht mehr darum kümmern, wie ihre Software auf die Endgeräte kommt, da es dafür standardisierte Installations- und Updatebehälter und -prozeduren gibt.

Voraussetzungen und Bedingungen	Definition
 Mooresches Gesetz	Alle 18 Monate lassen sich doppelt so viele Transistoren auf der gleichen Chipfläche unterbringen. Damit verdoppelt sich theoretisch alle 18 Monate die Rechenleistung eines gleich großen Computers.
 Standardisierung	Je größer die Standardisierung ist, desto universeller lassen sich Daten, Programme und Netzwerke nutzen.
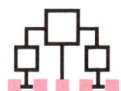 Modularisierung	Nach dem Prinzip »Teile und herrsche« werden Systeme in Untersysteme unterteilt. Diese Modularisierung erleichtert die Wiederverwendbarkeit und Austauschbarkeit von Untersystemen.
 Paketisierung	Zusammengehörige Elemente werden in einen Standardcontainer verpackt und mit Metadaten (Daten über Daten) versehen. Dies erlaubt die automatisierte Verarbeitung solcher Pakete.

Da das effizienzsteigernde Potenzial von Digitalisierung, Automatisierung und Vernetzung sehr hoch ist, werden Daten und Prozesse in der Praxis oft so gestaltet, dass sie diesen Voraussetzungen genügen. Dies geschieht teilweise selbst in Bereichen, wo keine direkte technische Notwendigkeit dafür bestünde. Digitalisierung, Automatisierung und Paketisierung sind damit alltäglicher Bestandteil unserer Denk- und Handlungsweisen geworden, beispielsweise bei der Modularisierung aller Studiengänge nach der Bologna-Reform ☞ w1868

Netzwerkeffekte

Um die im Rahmen der digitalen Revolution entstehenden technischen und sozialen Netzwerke und deren Anziehungskraft besser zu verstehen, ist ein Blick auf die Gesetze von Netzwerken hilfreich. Mit der Vernetzung sind drei Effekte verbunden, die alle darauf abzielen, dass der potenzielle Nutzen eines Netzwerks meist überproportional zur Anzahl seiner Teilnehmenden wächst. Sarnoffs Gesetz ☞ w2468 besagt, dass der Nutzen eines Eins-zu-n-Netzwerkes, also zum Beispiel Radio oder Fernsehen, linear mit der Anzahl Empfänger steigt. Das ist nicht sehr überraschend. Spannender wird es beim Gesetz von Metcalfe ☞ w861. Es besagt, dass bei einem Eins-zu-eins-Netzwerk, wie zum Beispiel dem Telefonnetz, der Nutzen quadratisch zur Anzahl der Teilnehmenden steigt. Jedes neue Mitglied ist potenzieller Kommunikationspartner aller bisherigen Mitglieder. Reeds Gesetz ☞ w1800 schließlich gilt für Netze, in denen auch in Untergruppen kommuniziert werden kann, also beispielsweise soziale Netzwerke. Hier steigt der Nutzen sogar exponentiell. Neue Teilnehmerinnen und Teilnehmer eines sozialen Netzes stehen nicht nur allen bisherigen Teilnehmenden für Eins-zu-eins-Kontakte zur Verfügung, sondern sind auch potenzielle Mitglieder in verschiedensten Untergruppen.

Sarnoffs Gesetz

Der Nutzen eines Massenmediums (Zeitung, Radio, Fernsehen) steigt linear mit der Anzahl der Teilnehmenden.

Metcalfes Gesetz

Der Nutzen eines Eins-zu-eins-Kommunikationsnetzwerks (zum Beispiel des Telefons) steigt quadratisch mit der Anzahl der Teilnehmenden.

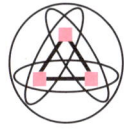

Reeds Gesetz

Der Nutzen eines sozialen Netzes steigt exponentiell mit der Anzahl der Teilnehmenden.

Die ökonomischen Konsequenzen

Auch wenn sie ökonomische und gesellschaftliche Auswirkungen haben, waren die bisher beschriebenen Prinzipien primär technischer Natur. Bei der digitalen Revolution geht es jedoch um mehr als um die effiziente Speicherung, Verarbeitung und Übermittlung von 0 und 1. Im Folgenden werden nun wichtige ökonomische und gesellschaftliche Konsequenzen der eben beschriebenen technischen Entwicklungen präsentiert. Das vermutlich für die digitale Revolution prägendste Phänomen ist die annähernde Grenzkostenlosigkeit ☞ w2467 von digitalen Gütern. Die Herstellung des ersten Exemplars eines digitalen Gutes – sei dies ein Buch, ein Musikstück, ein Video oder ein Computerprogramm – kostet viel. Die Kosten für die Herstellung weiterer Exemplare (oder in anderer Betrachtungsweise: der Verteilung dieses Gutes) sind im Vergleich zu den Erstellungskosten vernachlässigbar. Dieses Phänomen gilt nicht nur für digitale Güter, sondern in abgeschwächter Form auch für den Einsatz oder den Einarbeitungsaufwand neuer Systeme. Die Anfangsinvestition ist hoch, jeder weitere Zusatz zu einem bestehenden System ist massiv günstiger. Wer eine Benutzeroberfläche einmal kennt, wird bei einem neuen Programm mit der gleichen Benutzeroberfläche weniger Einarbeitungsaufwand haben.

Die bisher beschriebenen Prinzipien des Digitalen verstärken einzeln für sich und gemeinsam die Attraktivität der weiteren Digitalisierung, Automatisierung und Vernetzung. Mit jedem neuen digitalisierten, automatisierten oder vernetzten Element steigt auch der Nutzwert der bisherigen Elemente; das macht die weitere Digitalisierung, Automatisierung und Vernetzung noch attraktiver. Aufgrund der fehlenden Konvergenz steigt der Nutzwert nichtdigitaler Güter nach deren Herstellung nicht mehr maßgeblich. Der Nutzen eines Autos hat bisher nach dem Kauf selten zugenommen. Anders bei digitalen Gütern: Ein Computer kann zwei Jahre nach dem Kauf dank neuer Software oder größerer Vernetzung einen höheren Nutzwert besitzen als beim Kauf. Aus einem Smartphone wird mit neuer Software auch ein Navigationsgerät oder ein Dokumentenscanner. Im Zuge der Digitalisierung werden nun aber auch Autos zu teilweise digitalen Gütern. So hat der US-amerikanische Autohersteller Tesla im November 2015 ein Software-Update bereitgestellt, mit dem sich gewisse Autopilot-Funktionen bei bereits verkauften Fahrzeugen nachrüsten lassen.

Das Phänomen der Grenzkostenlosigkeit hat weitere Konsequenzen für Anbieter und Konsumenten von digitalen Gütern. Bei den Anbietern führt dies zusammen mit den Netzwerkeffekten zur Bildung von Monopolen. Wer hat, dem wird gegeben. Für neue Konkurrenten wird der Markteintritt damit immer schwieriger. Dieses Phänomen heißt Arthurs Gesetz ☞ w2459 und zeigt sich vor allem bei grundlegenden Plattformen, also zum Beispiel bei Betriebssystemen, Handyherstellern oder sozialen Netzwerken. Es findet eine sukzessive Marktkonzentration statt.

Auf der Seite der Konsumenten führen Grenzkostenlosigkeit und Netzwerkeffekte zu einem Lock-in-Effekt ☞ w2373: Es wird immer unattraktiver, das aktuelle System zu wechseln, weil dies eine Anfangsinvestition in Bezug auf Anschaffung und Einarbeitung bedeuten würde und das bestehende System durch seine Ausbreitung immer wichtiger geworden ist. Und um die Monopolbildung noch weiter zu steigern: Arthurs Gesetz und der Lock-in-Effekt fördern sich gegenseitig.

Grenzkostenlosigkeit und Netzwerkeffekte führen aber nicht nur zu Monopolbildung, sondern haben auch den gegenteiligen Effekt: Weil digitale Güter keine Lagerkosten verursachen und der Lagerplatz fast unbegrenzt ist, lohnt es sich für Anbieter, nicht nur Bestseller anzubieten, sondern auch Nischenprodukte – in einer global vernetzten Welt finden auch diese ihre Kunden. Unter dem Titel *Long Tail* ☞ w1873 hat der Chefredakteur des *Wired Magazine* Chris Anderson die Ideen von Malcom Gladwell popularisiert, wonach ein Anbieter von digitalen Gütern mit Nischenprodukten einen Großteil seines Gewinns erwirtschaften kann. Ein konkretes Beispiel: In einer physischen Buchhandlung ist der Platz begrenzt. Es werden somit diejenigen Bücher vorrätig sein, die sich gut verkaufen. Der Rest kann bestellt werden, die fehlende Präsenz wird aber die Verkaufszahlen senken. Im Internet besteht diese Platzbegrenzung nicht. Internetbuchhändler können somit einen nicht unerheblichen Anteil ihres Umsatzes mit Büchern machen, die sich einzeln betrachtet sehr schlecht verkaufen, in der Masse aber genug einbringen. Dieses Prinzip gilt nicht nur für digitale Güter, sondern auch für private und gesellschaftliche Interessen. Egal wie spezifisch oder selten ein Interesse auch ist, dank weltweiter Vernetzung finden sich Gleichgesinnte im Netz, was gegebenenfalls auch extremistische Tendenzen fördern kann.

Ökonomisches Prinzip	Definition
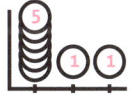 Grenzkostenlosigkeit	Digitale Güter und Dienstleistungen zeichnen sich oft dadurch aus, dass das erste Exemplar sehr viel kostet (hohe Fixkosten), weitere Exemplare jedoch annähernd keine zusätzlichen Kosten (= Grenzkosten) verursachen.
Lock-in-Effekt	Der Wechsel von einem System zu einem anderen ist unattraktiv, weil die Anfangsinvestitionen und die Wechselkosten hoch sind.

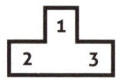

Arthurs Gesetz

Sinkende bis inexistente Grenzkosten sowie Netzwerkeffekte führen zur Monopolbildung, da führende Systeme
von diesen Gesetzmäßigkeiten profitieren.

Long-Tail-Effekt

Wenn Lagerkosten keine Rolle spielen, kann ein Großteil
des Umsatzes mit Nischenprodukten erwirtschaftet
werden, im digitalen Raum findet man für jede Ansicht
Gleichgesinnte.

Die Geschäftsmodelle

Aufgrund der beschriebenen Gesetzmäßigkeiten haben sich mit
der digitalen Revolution neue Geschäftsmodelle entwickelt, die
eine gesellschaftliche Bedeutung erlangt haben.

Sinkende bis inexistente Grenzkosten und die Attraktivität
großer Nutzerzahlen aufgrund von Netzwerkeffekten sowie Arthurs Gesetz führen zum Freemium-Geschäftsmodell ☞ w2237:
Die Basisdienstleistungen eines Angebots sind kostenlos. Wer einen Dienst intensiver nutzt und gewisse Zusatzeigenschaften benötigt, muss dafür bezahlen. Die große Menge der nicht zahlen-
den Nutzer erhöht aufgrund der Netzwerkeffekte den Nutzen
des Dienstes und übernimmt mit Mundpropaganda auch kostenlos die Werbung für den Dienst. Der Begriff Freemium setzt sich
aus den beiden Wörtern Free und Premium zusammen.

Es gilt das Prinzip von Nutzung statt Besitz ☞ a1055: Die
Materielosigkeit und die praktisch sofortige Verfügbarkeit vieler
Güter sowie sich rasch ändernder Anforderungen und Kontexte
führen dazu, dass der Besitz von Gütern gegenüber der temporä-
ren Nutzungsmöglichkeit an Bedeutung verloren hat: Wozu einen Film auf einem Datenträger kaufen, wenn man den Film nur
einmal ansehen will? Wozu ein Haus kaufen, wenn man aufgrund der Karriere beruflich alle paar Jahre den Wohnort wech-
selt? Jeremy Rifkin proklamiert in seinem Buch *Access* ☞ b927 die
These, dass wir zukünftig massiv mehr Nutzungsrechte erwer-
ben und weniger besitzen werden.

Damit verwandt ist auch das Prinzip der Flatrate ☞ w2358:
Wenn die Grenzkosten sinken oder gar wegfallen, spielt es kaum

mehr eine Rolle, wie viel ein Nutzer konsumiert. Es ist deshalb nicht mehr notwendig, eine Nutzungsbegrenzung vorzusehen. Auch wenn empirische Untersuchungen zeigen, dass Nutzende mit einer Flatrate oft mehr bezahlen, als wenn sie die genutzten Güter oder Dienstleistungen einzeln bezahlt hätten ☞ w2469, profitieren sie doch von einer kognitiven Entlastung: Sie müssen sich bezüglich der Nutzungskosten keine Gedanken mehr machen, es kann nicht teurer werden als der vereinbarte Flatrate-Betrag. Wer in Deutschland eine Bahncard 100 oder in der Schweiz ein Generalabonnement besitzt, muss sich in fremden Städten nicht mit der Bedienungsführung von Ticketautomaten herumschlagen.

Die Basisdienstleistungen eines Angebots sind kostenlos und werden durch wenige zahlende Nutzer finanziert, die gewisse Vorteile genießen. Die Gratisnutzer fördern die Attraktivität des Dienstes aufgrund von Netzwerkeffekten.

Freemium-Modell

In der Informationsgesellschaft nimmt die Attraktivität von Nutzungsrechten gegenüber dem Besitz zu.

Nutzung statt Besitz

Das grenzenlose Nutzungsrecht ist aufgrund sinkender bis inexistenter Grenzkosten für Anbieter digitaler Güter und Dienstleistungen einfacher geworden und bietet Nutzenden eine kognitive Entlastung (eventuell unter Inkaufnahme gewisser Mehrkosten).

Flatrate

Die Wahrnehmung

Ende des zwanzigsten Jahrhunderts wurde der Begriff der Aufmerksamkeitsökonomie ☞ w502 geprägt (Franck ☞ b4796, Goldhaber ☞ t16628, Davenport ☞ b2566). Er besagt, dass angesichts der zunehmenden Informationsflut die menschliche Aufmerksamkeit als zukünftig rarstes Gut zu betrachten sei. Digitalisierung, Automatisierung und Vernetzung führen dazu, dass der Zugang zu Informationen einfacher und billiger wird. Die menschliche Aufmerksamkeitskapazität kann mit dieser Informationsflut nicht Schritt halten und wird darum zunehmend zum wertvollen Flaschenhals. Während es im Bereich der Werbung oder des Journalismus selbstverständlich ist, dass Aufmerksamkeit als etwas Wertvolles betrachtet und auch in Geld gemessen beziehungsweise abgegolten wird, ist dies in anderen Bereichen weniger offensichtlich. Aber auch in der Wissenschaft ist Aufmerksamkeit ein wichtiger Faktor. Zitation ist neben Drittmitteln die Währung im Wissenschaftsbetrieb: Wer nicht zitiert wird, geht unter. Die Aufmerksamkeitsökonomie wiederum sorgt für kostenlose Angebote im Internet, die durch Werbung finanziert werden: Nutzende zahlen mit ihrer (vermeintlichen) Aufmerksamkeit den Dienst, den sie nutzen.

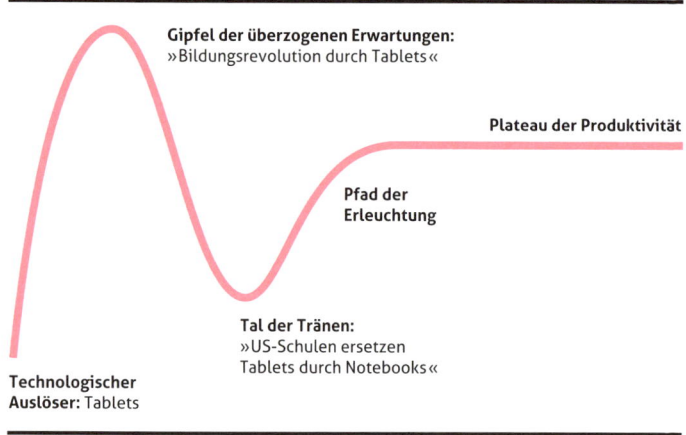

Abbildung A.2: *Der* hype cycle *am Beispiel von Tablets in der Schule*

Mit dem *hype cycle* ☞ w1398 (siehe Abbildung A.2) hat das Beratungsunternehmen Gartner den zeitlichen Verlauf der Wahrnehmung technologischer Neuerungen charakterisiert. Technische Neuerung werden von Massenmedien zu Beginn oft euphorisch emporgejubelt *(gehypt)* und wecken damit überhöhte Erwartungen. In einer zweiten Phase kehrt sich der Jubel ins Gegenteil, die überhöhten Erwartungen werden enttäuscht, dafür werden vor allem die negativen Aspekte der Neuerung betont. Erst nach diesem »Tal der Tränen« findet auf dem »Pfad der Erleuchtung« langsam eine realistischere Einschätzung der Potenziale und Gefahren der neuen Technologie statt. Ganz sicher steht aber bereits die nächste Technologie am Anfang des *hype cycles*.

Aufmerksamkeitsökonomie

Die digitale Revolution hat die Verfügbarkeit verschiedenster Güter einerseits und die Informationsflut andererseits massiv erhöht. Daraus resultiert, dass die menschliche Aufmerksamkeit, die mit dieser Flut nicht Schritt halten kann, als rares Gut zunehmend an Bedeutung gewinnt.

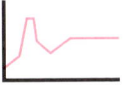

Hype cycle

Zu Beginn werden neue Technologien in der medialen Berichterstattung meist mit überhöhten Erwartungen verbunden, danach wird intensiv auf ihre Nachteile hingewiesen, bevor in einer dritten Phase eine einigermaßen realistische Einschätzung der Potenziale und Gefahren stattfindet.

Weiterführende Literatur

> Jeremy Rifkin (2014): *Die Null-Grenzkosten-Gesellschaft* ☞ **b5535**

> Reiner Clement und Dirk Schreiber (2010): *Internet-Ökonomie* ☞ **b5324**

> Chris Anderson (2009): *Free* ☞ **b5656**

> Chris Anderson (2006): *The Long Tail* ☞ **b5443**

> Jeremy Rifkin (2000): *Access* ☞ **b927**

> Nicholas Negroponte (1995): *Total Digital* ☞ **b99**

Alle zitierten Quellen dieses Kapitels finden Sie unter ☞ **t16100**.

ARGUMENTE GEGEN DIE DIGITALISIERUNG IN DER SCHULE

In Diskussionen, Artikeln und Leserbriefen werden oft ähnliche Argumente gegen das Digitale und insbesondere gegen Eins-zu-eins-Ausstattungen genannt. Es ist wichtig, diese Argumente zu kennen. Gewisse davon sind unsinnig oder leicht zu widerlegen, andere gilt es durchaus zu bedenken und sind nicht von der Hand zu weisen. Machen Sie sich im Sinne von Kapitel 7 mit solchen Argumenten vertraut. Überlegen Sie sich, wie stichhaltig die Argumente aus ihrer Sicht sind und wie sie gegebenenfalls widerlegt werden können.

Sie finden unter *www.mehrals0und1.ch/Argumente* eine Sammlung von Argumenten gegen das Digitale in der Schule, die zum Zeitpunkt der Drucklegung dieses Buches etwas mehr als 60 Einträge umfasst.

A: Es schadet!

»Es geht etwas verloren«- Argumente	»Es ist zu früh«- Argumente	»Falsche Anreize«- Argumente	»Macht dumm«- Argumente
Gesundheits- Argumente	Jugendschutz- Argumente	Umwelt- Argumente	»Fremde- Interessen«- Argumente

B: Es lohnt sich nicht.

»Bisher ging es auch ohne«- Argumente	»Didaktischer Mehrwert«- Argumente	Schüler- Argumente	

C: Es geht nicht.

			Finanz- Argumente
Lehrer- Argumente	Schulsystem- Argumente	Eltern- Argumente	

D: Aber nicht so.   E: Diverse

Technische Argumente	»Falsches Vorgehen«- Argumente	Ad-hominem- Argumente

Abbildung B.1: *Kategorien von Argumenten gegen das Digitale in der Schule*

Die Argumente werden in vier Hauptkategorien nach absteigender Vehemenz eingeteilt (siehe Abbildung B.1). In den Hauptkategorien sind die einzelnen Argumente in Unterkategorien zusammengefasst. Dabei kommen einige Argumente mehrfach vor, weil sie sich an verschiedenen Orten einordnen lassen.

Hier in diesem Anhang finden Sie nur die Titel der bisher gesammelten Argumente. Unter *www.mehrals0und1.ch/Argumente* werden alle Argumente nach dem gleichen Schema ausführlich beschrieben. Nach einer prototypischen Formulierung folgen Originalbeispiele des Arguments aus Büchern, Zeitungen und Zeitschriften. Danach folgen Gegenargumente und Raum für Diskussionen.

A. »Es schadet!«

A.1 »Es geht etwas verloren«-Argumente

> **Zeit-Argument**: Durch die Beschäftigung mit digitalen Medien fehlt Kindern Zeit für sinnvollere Tätigkeiten.

> **»Zuhause schon genug vor dem Bildschirm«-Argument**:
> Die Kinder sitzen zuhause sowieso zu viel vorm Computer, dann nicht auch noch in der Schule oder im Kindergarten!

> **Wald-Argument**: Die Kinder sollen doch in den Wald gehen statt vor dem Computer zu sitzen.

> **Kindheits-Argument**: Die Kinder sollen noch Kinder sein dürfen. Vor dem Computer sitzen müssen sie früh genug.

> **Primärerfahrungs-Argument**: Die Kinder brauchen reale Erfahrungen, virtuelle würden sie überfordern.

> **Handschrift-Argument**: Die Kinder sollen erst respektive weiterhin lernen, von Hand zu schreiben.

> **Einsamkeits-Argument**: Digitale Medien führen zur Vereinsamung von Schülerinnen und Schülern.

A.2 »Es ist zu früh«-Argumente

> **»Zuerst lesen, schreiben, rechnen«-Argument:** Die Kinder sollen zuerst lesen, schreiben und rechnen lernen, bevor sie sich mit Computern beschäftigen.

> **Kindheits-Argument:** Die Kinder sollen noch Kinder sein dürfen. Vor dem Computer sitzen müssen sie früh genug.

> **»Schutzraum Schule«-Argument:** Computer und Internet machen den geschützten Raum Schule kaputt.

A.3 »Falsche Anreize«-Argumente

> **Konsumismus-Argument:** Schülerinnen und Schülern wird ein falscher Konsumismus vorgelebt.

> **»Marken-Hype«-Argument:** Das Projekt fördert den Hype um eine bestimmte Marke.

> **Dopamin-Argument:** Digitale Medien führen leicht zu Erfolgserlebnissen, das vermindert die Anstrengungsbereitschaft.

A.4 »Macht dumm«-Argumente

> **»Wir lernen immer«-Argument:** Wir lernen immer, auch die Beschäftigung mit digitalen Medien hinterlässt somit Spuren in unserem Gehirn.

> **Oberflächlichkeits-Argument:** Digitale Medien führen zu mehr Oberflächlichkeit, d.h., es wird weniger gelernt.

> **Delegations-Argument:** Wenn wir Computer Dinge erledigen lassen, können wir es bald selbst nicht mehr.

A.5 Gesundheits-Argumente

> **Augen-Argument:** Die Nutzung digitaler Medien schadet den Augen.

> **Bewegungs-Argument:** Die Kinder sollen sich bewegen, statt vor dem Computer zu sitzen.

> **Strahlenbelastungs-Argument**: Die Strahlenbelastung dieser Geräte macht die Kinder krank.

> **Depressions-Argument**: Soziale Netzwerke machen Kinder und Jugendliche depressiv.

> **Aufmerksamkeitsstörungs-Argument**: Multitasking fördert ADHS.

> **Haltungsschaden-Argument**: Digitale Medien fördern Haltungsschäden.

> **Sucht-Argument**: ICT-Nutzung macht süchtig.

A.6 Jugendschutz-Argumente

> **Jugendschutz-Argument**: Wenn Schülerinnen und Schüler persönliche Computer haben, werden sie für sie nicht geeignete Inhalte (zum Beispiel Pornografie, Gewaltdarstellungen usw.) konsumieren.

> **Gewalt-Argument**: Wenn Schülerinnen und Schüler persönliche Computer haben, werden sie mehr Gewalt sehen/ konsumieren und dadurch gewalttätig werden.

> **Pornografie-Argument**: Wenn Schülerinnen und Schüler persönliche Computer haben, werden sie pornografisches Material sehen wollen oder solches ungewollt sehen.

> **Pädophilen-Argument**: Wenn Schülerinnen und Schüler persönliche Computer haben, sind sie Pädophilen ausgesetzt.

A.7 Umwelt-Argumente

> **Energie-Argument**: Wir sollten Energie sparen und nicht noch weitere Verbraucher schaffen.

> **»Ausbeutung Erde«-Argument**: Computer benötigen rare Rohstoffe, deren Abbau die Natur zerstört.

> **»Ausbeutung Mensch«-Argument**: Zur Herstellung von Computern werden Menschen ausgebeutet.

> **Elektroschrott-Argument**: Je mehr Computer wir nutzen, desto größer wird die Menge umweltbelastenden Elektroschrotts.

A.8 »Fremde Interessen«-Argumente

> **Markt-Argument:** ICT ist ein großer Markt und die Unternehmen versuchen nur, Schülerinnen und Schüler als Konsumierende zu gewinnen.

> **Datenschutz-Argument:** Durch digitale Medien werden die Daten unserer Schülerinnen und Schüler für Unternehmen und Geheimdienste greifbar.

B. »Es lohnt sich nicht.«

B.1 »Bisher ging es auch ohne«-Argumente

> **»Und wenn's weg ist?«-Argument:** Die Kinder werden von den Geräten abhängig und sind ohne sie hilflos.

> **»Aus mir wurde auch etwas«-Argument:** Aus mir wurde auch etwas, obwohl ich ohne Computer aufgewachsen bin.

B.2 »Didaktischer Mehrwert«-Argumente

> **»Fehlende Studien«-Argument:** Es gibt nicht genügend Studien, die zeigen, dass digitale Medien zu besseren Schulleistungen führen.

> **»Erst Mehrwert aufzeigen«-Argument:** Ich will erst den didaktischen Mehrwert (für meine Stufe oder für mein Fach) sehen, bevor ich digitale Medien in der Schule akzeptiere.

> **»Gute Lehrkräfte brauchen das nicht«-Argument:** Eine gute Lehrkraft braucht keine digitalen Medien, um Schülerinnen und Schüler zu begeistern.

> **»Ablenkung statt Lernen«-Argument:** Schülerinnen und Schüler werden die digitalen Medien nicht zum Lernen, sondern zur Ablenkung vom Unterricht einsetzen.

B.3 Finanzielle Argumente

> **Kosten-Argument:** Das ist schlicht zu teuer.

> **Schulkosten-Argument:** Das kann sich die Schule nicht leisten. Sie muss bereits jetzt sparen.

> **Elternkosten-Argument:** Weil sich das nicht alle Eltern leisten können, gefährdet es die Chancengerechtigkeit.

> **Klassengröße-Argument:** Das Geld sollte lieber zur Verkleinerung der Klassen eingesetzt werden als zur Ausrüstung mit ICT.

> **»Besser investieren«-Argument:** Das Geld sollte für Wichtigeres eingesetzt werden als für ICT.

> **Chancengerechtigkeits-Argument:** Solange nicht alle Schülerinnen und Schüler mit digitalen Medien arbeiten können, ist die Chancengerechtigkeit gefährdet.

> **Support-Argument:** Wer stellt die Funktionsfähigkeit der Geräte sicher?

B.4 Schüler-Argumente

> **»Digital Natives«-Argument:** Die Schülerinnen und Schüler können sowieso schon mit dem Computer umgehen, das müssen sie in der Schule nicht mehr lernen.

> **»Ablenkung statt Lernen«-Argument:** Schülerinnen und Schüler werden die digitalen Medien nicht zum Lernen, sondern zur Ablenkung vom Unterricht einsetzen.

C. »Es geht nicht.«

C.1 Lehrer-Argumente

> **Will-Argument:** Lehrkräfte wollen keine Computer im Unterricht einsetzen.

> **Skill-Argument:** Lehrkräfte wissen nicht, wie man Computer sinnvoll im Unterricht einsetzt.

> **Tool-Argument:** Wenn genügend digitale Medien verfügbar wären, würden die Lehrkräfte diese schon nutzen.

> **»Die Lehrkraft ist am wichtigsten«-Argument:** Das Wichtigste in der Schule ist die Lehrkraft und nicht der Computer.

> **Produktezyklus-Argument:** Die sich ständig ändernde ICT ist eine zusätzliche Belastung für Lehrkräfte.

C.2 Schulsystem-Argumente

> **»Wir haben sonst schon so viel«-Argument:** Die Schule – insbesondere die Lehrkräfte – haben sonst schon so viel zu tun.

> **Lektionen-Argument:** Solange wir 45-Minuten-Lektionen haben, können wir digitale Medien nicht sinnvoll einsetzen.

> **Lehrplan-Argument:** Solange wir den Lehrplan nicht verändern, bringen digitale Medien nichts.

> **Prüfungs-Argument:** Wir müssen die Schülerinnen und Schüler prüfen können. Und das geht nur ohne Computer- und Internetzugang.

> **Lernsoftware-Argument:** Es gibt gar nicht genügend gute Lernsoftware, die den Einsatz von digitalen Medien rechtfertigt.

C.3 Eltern-Argumente

> **»Überforderte Eltern«-Argument:** Eltern haben keine Ahnung, wie sie mit der Nutzung von digitalen Medien durch ihre Kinder umgehen sollen. Darum möchten sie gar nicht damit konfrontiert werden.

> **Elternkosten-Argument:** Weil sich das nicht alle Eltern leisten können, gefährdet es die Chancengerechtigkeit.

D. »Aber nicht so!«

D.1 Technische Argumente

> **»Falsche Technologie«-Argument:** Es wird auf die falsche Technologie, den falschen Gerätetyp oder die falsche Marke gesetzt.

> **Netzwerk-Argument:** Das schulische Netzwerk ist nicht für Eins-zu-eins-Ausstattungen gerüstet.

> **Investitionsschutz-Argument:** Wir wollen zuerst die gerade beschaffte ICT-Infrastruktur amortisieren, bevor wir uns mit weiteren digitalen Medien beschäftigen.

> **»Akku leer«-Argument:** Wenn der Akku nur eines Geräts leer ist, ist der Unterricht schon nicht mehr möglich.

> **Support-Argument:** Wer stellt die Funktionsfähigkeit der Geräte sicher?

D.2 »Falsches Vorgehen«-Argumente

> **Unwissenschaftlichkeits-Argument:** Dieses Projekt ist unwissenschaftlich.

> **Projektmanagement-Argument:** Dieses Projekt müsste ganz anders angegangen werden.

E. Diverse

E.1 Ad-hominem-Argumente

> **Profilierungs-Argument:** Dieses Projekt wird nur initiiert, weil sich der Projektleiter, der Schulleiter oder der IT-Verantwortliche damit profilieren will.

> **Bereicherungs-Argument:** Dieses Projekt wird nur initiiert, weil sich der Projektleiter, der Schulleiter oder der IT-Verantwortliche davon persönliche materielle Vorteile verspricht.

> **Wirtschaftliche-Interessen-Argument:** Dieses Projekt wird nur initiiert, weil IT-Firmen sich davon Umsatz versprechen.

Obwohl natürlich jedes dieser Argumente gegen digitale Medien in der Schule einzeln betrachtet werden muss, gelten doch für zahlreiche Argumente ähnliche Überlegungen. Drei davon sollen hier erwähnt werden: Sowohl-als-auch statt Entweder-oder, der Bücher-Check und die Warnung vor monokausaler Verallgemeinerung.

Sowohl-als-auch statt Entweder-oder

Viele Argumente gegen digitale Medien in der Schule und insbesondere Eins-zu-eins-Ausstattungen gehen von einer Entweder-oder-Entscheidung aus: Wald oder Computerraum, Handschrift oder Tastatur, gemeinsam oder einsam usw.

Diese einseitigen Gegenüberstellungen sind fast immer überzeichnet und haben eher rhetorischen Charakter. Das muss nicht negativ sein: Schwarz-Weiß-Darstellungen können helfen, Differenzen besonders deutlich werden zu lassen. Allerdings besteht auch die Gefahr, dass gar nicht mehr pragmatisch über die reale Fragestellung diskutiert wird, da stets Extremsituationen skizziert werden. Rhetorisch stecken folgende Argumentationsmuster dahinter:

> **Wehret den Anfängen** ☞ **w2143**: Es wird mit Absicht eine Extremsituation geschildert, um dann explizit oder implizit zu folgern, man müsse eben schon früher Grenzen setzen, damit es nicht so weit komme.

> **Falsches Dilemma** ☞ **w2142**: Durch Darstellung der Frage als binäre Entweder-oder-Situation wird suggeriert, es gebe keine Zwischenlösungen (Sowohl-als-auch), und um die als negativ beschriebene Extremsituation zu verhindern, müsse man demnach das andere Extrem wählen. Meistens aber gibt es mehr als Schwarz und Weiß – oder eben mehr als 0 und 1.

Allgemeine Antworten auf fast alle Argumente könnten demnach sein: »Das eine schließt das andere nicht aus« und »Es kommt immer auf das Maß an«. Vielen Argumenten muss aber auch zugetegehalten werden, dass die Ressourcen (Zeit, Geld, Aufmerksamkeit) begrenzt sind und dass das eine nur auf Kosten von etwas anderem umgesetzt werden kann. Insofern ist es oft zwar kein Entweder-oder-, aber durchaus eine Hier-mehr-dafür-dort-weniger-Situation.

Machen Sie den Bücher-Check!

Auch wenn digitale Medien nicht vollständig mit Büchern vergleichbar sind, so lohnt es sich doch, sich zu fragen: Gilt dieses Argument nicht auch für Bücher ☞ t16852, ☞ b2318? Machen Bücher weniger einsam und dick als Computer und Internet? Geben Bücher nicht genauso nur eine medial vermittelte Wirklichkeit wieder, wie dies Computern und Internet vorgeworfen wird?

Der Vergleich mit Büchern macht die entsprechenden Argumente nicht haltlos. Aber er zeigt, dass die Argumente differenzierter betrachtet werden müssen, als dies oft getan wird.

Vorsicht vor monokausaler Verallgemeinerung

Oft werden bei Argumenten gegen das Digitale in der Schule Beispiele oder Studien angeführt, bei denen die Nutzung digitaler Medien im Zusammenhang mit schädlichen Phänomenen (Sucht, Einsamkeit, Konzentrationsprobleme usw.) beobachtbar sind. Hier ist in zweierlei Hinsicht Vorsicht geboten:

› **Korrelation bedeutet nicht Kausalität** ☞ a693: Nur weil die Nutzung digitaler Medien zusammen mit einer negativen Verhaltensweise beobachtbar ist, kann nicht automatisch daraus geschlossen werden, die Nutzung digitaler Medien sei die Ursache dieser negativen Verhaltensweise:
  › Die Korrelation kann auch zufällig sein.
  › Die Kausalität kann auch andersherum sein: Aufgrund der negativen Verhaltensweise wird ICT stärker genutzt.
  › Beide Faktoren (Nutzung digitaler Medien und negative Verhaltensweise) können durch eine dritte Variable verursacht werden.

> Aus Extrembeispielen kann nicht auf die Allgemeinheit geschlossen werden: Dass in Korea bereits Jugendliche beim Computerspielen umgekommen sind, ist tragisch. Daraus jedoch Schlüsse für alle Jugendlichen zu ziehen, ist problematisch. Der Straßenverkehr fordert tägliche Verletzte und Todesopfer. Fast niemand verlangt aber die totale Abschaffung des Straßenverkehrs. Es findet einerseits eine Güterabwägung und andererseits die Suche nach Schutzmaßnahmen statt.

Fabia Hartwagner
Martin Blatter (Hrsg.)

Digitale Lehr- und Lernbegleiter

Mit Lernplattformen und Web-2.0-Tools wirkungsvoll
Lehr- und Lernprozesse gestalten

Möchten Sie in Schule, Aus- oder Weiterbildung erfolgreich Web-
2.0-Tools einsetzen? Suchen Sie Anregungen für einen innovativen und sinnvollen Umgang mit Lernplattformen? In diesem
Buch finden Sie viele Hinweise und Tipps für die Planung und
Gestaltung von Online-Lerneinheiten. Schöpfen Sie aus dem reichen Fundus von über siebzig wirkungsvollen und packenden
Best Practices und Good Practices, um Lehr- und Lernprozesse zu
optimieren. Grundlagenartikel zum mediengestützten Lehren
und Lernen auf Sekundarstufe II und im Tertiärbereich sowie
überraschende Resultate einer Webumfrage unter Studierenden
zu ihrem Medienverhalten ergänzen den Band.

Werner Hartmann
Alois Hundertpfund

Digitale Kompetenz

Was die Schule dazu beitragen kann

Tablets und Smartphones, Google und Wikipedia, multimediales und interaktives Lernen – die Digitalisierung stellt die Schule vor grundlegende Herausforderungen. Diese neue Publikation geht der Frage nach, über welche Kompetenzen man in einer digital geprägten Gesellschaft verfügen muss, und klärt, wie die Schule diese Kompetenzen mithilfe digitaler Werkzeuge fördern und festigen kann. Es zeigt anhand zahlreicher Praxisbeispiele, wie Lehrerinnen und Lehrer digitale Medien sinnvoll im Schulunterricht einsetzen können.

Patric Brugger
Regula Kyburz-Graber

Unterrichtssituationen meistern

20 Fallstudien aus der Sekundarstufe II

Unterrichten ist vielschichtig. Jede Unterrichtsstunde birgt unvorhergesehene Situationen, die es zu meistern gilt. Lehrpersonen müssen gleichzeitig 20 jungen Persönlichkeiten gerecht werden, individuelle Lernprobleme wahrnehmen und die Lernenden ermutigen, fördern und beurteilen. Die 20 Fallstudien basieren auf Unterrichtssituationen der Sekundarstufe II, die junge Lehrpersonen als schwierig erlebt haben. Die Themen umfassen Unterrichtsplanung und -durchführung, Klassenführung, Leistungsbeurteilung und Förderung. An jeder Situation wird gezeigt, wie sich mit einer sorgfältigen Analyse Lösungen finden lassen.

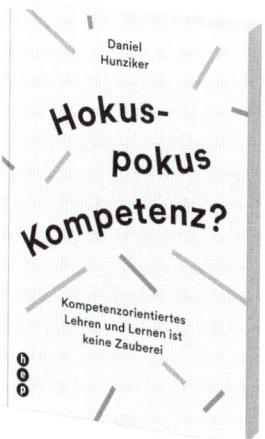

Daniel Hunziker

Hokuspokus Kompetenz?

Kompetenzorientiertes Lehren und Lernen
ist keine Zauberei

«Kompetenz» ist durch die inflationäre Verwendung des Begriffs im Bildungszusammenhang zum Zauberwort geworden – Zauberei ist Kompetenzorientierung aber nicht, ganz im Gegenteil: Der in aktuellen Bildungsreformen geforderte Ansatz ist wunderbar umsetzbar. Man braucht bloß zu wissen, wovon hier eigentlich die Rede ist. Und es bedarf an den Schulen eines neuen Lern- und Lehrverständnisses sowie einer Fehler- und Beziehungskultur, die Kindern und Jugendlichen eine positive Persönlichkeits- und Sozialentwicklung ermöglicht. Daniel Hunziker entfaltet den Kompetenzbegriff sorgfältig und präsentiert ein erprobtes Schema mit 64 Schlüsselkompetenzen für Schülerinnen und Schüler aller neun obligatorischen Schuljahre.